서미석

서양 고전 전문 번역가이자 편집자. 서울대학교 서어서문학과에서 문학을 공부하고 졸업 후 종합상사에 입사해 무역·외환·홍보·번역 등 다양한 업무를 경험했다. 정말 좋아하는 일이 무엇일까 찾고 고민하다가 접어 두었던 꿈을 기억해 내고 번역가의 길로 들어섰다. 어린 시절 무척이나 좋아했던 그리스·로마 신화와 북유럽 신화를 비롯해 『아서 왕과 원탁의 기사』 『칼레발라』 『러시아 민화집』 『아이반호』 『벤허』 『로빈 후드의 모험』 『불멸의 서 77』 등을 번역했고, 20년 넘게 다양한 작품을 옮기고 섭렵하며 쌓은 헬레니즘과 헤브라이즘 지식을 더 많은 독자와 나누고 싶어, 유래 깊은 이야기에서 탄생한 영어 표현 366개를 엮어 『하루 영어교양』을 썼다.

이 책은 현대 철학과 예술, 심리학 등에 다양한 영향을 주었지만 저작이 거의 없어 이제까지는 주로 다른 작가의 작품을 통해 단편적으로 전해져 온 견유학파 철학자들의 이야기를 엮은 것으로, 자연과 자유를 추구하며 인류애를 넘어 동물까지 존중해야 한다고 주장했던 견유주의의 핵심 사상을 소개한다.

인생은 개처럼 사는 편이 좋다

인생은 개처럼 사는 편이 좋다

견유학파 철학자들의 자유로운 인생철학

크라테스 외 지음
서미석 엮고 옮김

들어가는 말
: 2500년 전 철학이 지금 다시 소환되는 까닭은

이상주의·금욕주의·합리주의·경험주의·계몽주의·실존주의 등 철학 분파를 일컫는 고상한 명칭 가운데 불경스럽게도 '개 같다'라는 뜻의 견유(犬儒)주의가 있다. 오늘날 흔히 '냉소적이다'라는 의미로 쓰이는 '시니컬(cynical)하다'라는 말의 어원을 따라 거슬러 올라가다 보면 만나게 되는 키니코스학파이다. 키니코스는 고대 그리스어 '개'(κύων/cyon)에서 파생된 '개 같다'(κυνικοί/cynicos)는 말에서 유래한 용어로 견유학파란 문자 그대로 '개처럼 사는 철학자'라는 뜻이다. 이 명칭만 보아도 이들이 얼마나 반문명적으로 살았는지 짐작이 간다. 이들은 기본적인 의식주 생활과 종교·문화·예절 등 인간 사회의 모든 관습을 거부했다. 일 년 내내 한 번도 빨지 않은 남루한 옷을 걸치고 먹을 것을 구걸하며 아무 곳에서나 잠을 청하는 등 그야말로 노숙자처럼 살았다.

견유학파를 대표하는 철학자로 평생을 항아리 속에서 살았다고 전해지는 시노페의 디오게네스는 알렉산드로스 대왕과의 일화로 유명하다. 어느 날 디오게네스의 명성을 들은 알렉산드로스 대왕이 항아리 속에 웅크리고 앉아 있던 디오게네스를 찾아갔다. 그에게 청하는 것은 무엇이든 들어줄 테니 말하라고 하자 놀랍게도 디오게네스는 햇빛을 가리고 서 있지나 말고 비켜 달라고 대답했다. 이 극적인 만남은 가벼운 해프닝 정도로 회자될 뿐, 이 상징적 대화에 숨어 있는 심오한 뜻은 곧잘 간과된다. 이때 디오게네스는 알렉산드로스를 조롱했을 뿐 아니라 그가 건설하려고 한 거대한 제국의 문명 전체를 거부한 것이었다. 디오게네스의 실존적 삶에 필요한 것은 알렉산드로스가 주겠다고 제의한 부귀와 권력이 아니라 현재 쬐고 있는 햇빛, 하나면 족했다. 여기에는 인위적 문명을 거부하고 무위적 자연으로 회귀하겠다는 결의, 즉 인간의 유한한 가치보다는 자연의 영원한 가치를 추구하겠다는 뜻이 숨어 있다고 할 수 있다.

디오게네스로 대표되는 견유학파는 기원전 5세기경 소크라테스의 제자인 안티스테네스에 의해 시작되었다. 안티스테네스는 소크라테스의 제자 중 플라톤·크세노폰과 더불어 가장 중요한 철학자로 꼽힐 만큼 영향력이 큰 인물이었다. 스승인 소크라테스의 윤리 철학을 받아들이면서도 물질주의적 경향은 비판한 그는 인간의 행복은 외부 요소에 의해 결정되는 것이 아니라, 내면의 덕에서 비롯된다고 주장했다. 철학자 왕이 다스리는 엘리트 정치철학을 제안한 플라톤과 달리 아테네 교외에 키노사르게스('흰 개의 집'이라는 뜻)라는 김나시온을 세우고 제자들을 가르쳤는데 바로 이 키노사르게스에서 키니코스라는 이름이 나왔다고 한다. 안티스테네스는 행정권·사유재산·결혼 등 모든 제약을 거부하고 인위적인 쾌락 추구를 경멸했다. 안티스테네스의 제자인 디오게네스는 가장 널리 알려진 견유학파 철학자로, 평생 빈 술 저장통에서 살 정도로 극단적인 금욕주의 생활을 했다. 그는 과도한 욕구와 물질적 소유를 버리고 자연에 따라 사는 것을 추구하며 사회의 부조리와 권위에 맞서는 비판적인 태도를 보였다. 이후로는 디오게네스의 가르침을 이어받아 견유주의 철학의 윤리와 도덕에 관한 체계적인 논술을 남겼으며 특히 우정과 정의에 대한 견해로 많은 사람에게 영향을 미친 데메트리오스, 철학을 실생활에 적용하는 것을 중시하여 부에 대한 집착을 버리고 가난하게 살며 강연으로 많은 사람에게 영감을 준 크라테스, 부유한 집안에서 자랐지만 물질적 욕망을 버리고 단순하게 살며 노예와 빈곤 계층에 연민을 느껴 사회 정의를 부르짖은 데모낙스, 남성과 동등한 교육을 받고 철학을 공부하며 당시 사회의 관습에 맞서 적극적으로 활동한 여성 철학자 히파르키아 등에 의해 계승되었다.

견유주의는 인간이 자연의 일부로서 자연과 조화롭게 살아야 한다는 점을 강조하며 인위적인 사회로부터 벗어나 자연의 법칙에 따라 살기를 추구했다. 그들은 인간 본성이 본래 선하다고 믿으며, 인간이 사회의 부패와 타락으로부터 벗어나 자유로운 삶을 살아야 한다고 주장했다. 따라서 물질적 풍요보다는 정신적 풍요를 추구했고, 단순하고 자연스러운 삶의 가치를 강조했다. 또한 사회적으로

규정된 관습과 권위가 개인의 자유를 침해할 수 있다는 점을 경고하며 사회의 부조리와 권위에 맞서는 비판적 태도를 보였다. 그들은 사회의 계급·부·명예 등을 무의미하게 여기며 진정한 가치는 내면적인 덕에 있다고 주장했다.

견유주의는 국가나 민족을 초월한 세계시민주의를 표방했다. 모든 사람은 평등하며 인간 본성에 따라 자유롭게 살아야 한다고 믿었으므로 국가나 민족에 국한되지 않고 모든 사람을 동등하게 여겼다. 그들은 자신들이 어느 한 민족이나 국가에 속하지 않은 세계시민이라고 생각하며, 모든 사람이 자연법칙에 따라 살아야 한다고 역설했다. 또한 인류에 대한 동포애뿐만 아니라 동물까지 존중해야 한다고 주장했다.

견유주의의 극단적 금욕주의는 현실에서 실천하기 어렵다는 지적과 함께 사회 참여를 소홀히 여기며 개인의 고립을 초래할 수도 있다는 비판을 받기도 했다. 하지만 고대 그리스와 로마 시대에 큰 영향을 미쳤으며, 이후에도 많은 철학자와 사상가에게 영감을 주었다. 특히 낭만주의와 르네상스 시대에는 자연과 자유를 추구하는 견유주의 사상이 많은 예술 작품과 문학 작품에 영향을 주기도 했다.

 사실 견유학파 철학자들은 체계적인 철학 이론보다는 실천적 삶을 중시했다. 그래서 그들이 직접 남긴 저작은 거의 없고, 그들의 삶의 방식이나 연설·일화 등이 다른 작가의 작품에 단편적으로 전해 올 뿐이다. 그 가운데 총 10편을 추려 엮은 이 책은 견유학파의 주요 인물인 디오게네스·크라테스·데메트리오스·데모낙스 외에 견유학파와 인도 나체 수행자의 만남, 익명의 두 사람이 주고받는 견유주의에 대한 비판과 반박, 참된 견유주의적 삶의 방식을 옹호하는 율리아누스 황제의 글, 견유주의적 방식으로 살았던 그리스도교 성인 은수자 시메온의 삶을 소개한다. 여러 작품에서 다양한 인물의 견해와 삶을 다룬 것으로 보아 견유학파의 삶의 방식은 스토아학파인 세네카에서부터 율리아누스 황제와 그리스도교 은수자에 이르기까지 많은 사람에게 영향을 미치고 지지받아 왔다는 것을 알 수 있다.
 필요와 욕망을 구별함으로써 최대한 간소하게

생활하고 소박하고 절제된 식습관을 강조하며 국가의 이념과 사회 관습을 거부하고 자연에 따라 살 것을 주장한 이들의 삶의 방식은 미니멀리즘·지속 가능한 생태적 삶·소비 및 물질주의 지양·세계시민주의 등 오늘날 많은 사람이 추구하려는 여러 삶의 방식에 여전히 영향을 미치고 있다. 견유주의자들은 단순히 세속적 가치를 부정하기보다는 진정한 삶의 가치가 무엇인지 진지하게 따져 보라는 물음을 던진다. 특히 물질적 사치나 소유욕으로는 진정한 행복을 얻지 못한다는 소비주의와 물질주의에 대한 비판은 불평등의 심화·사회경제적 불화·기후 변화·국가 간 분쟁·정신적 피로와 같은 문제에 시달리는 현대인에게 새로운 해답을 제시한다.

2025년 7월
서미석

들어가는 말   9

1   개 같은 인생   19
2   견유학파의 육아법   37
3   이상적인 철학자의 전형, 데모낙스에게 바치는 헌사   43
4   속물처럼 살 것인가, 개 같이 살 것인가   55
5   아니라고 말하는 법   75
6   철학자의 모범, 내 친구 데메트리오스   83
7   너 자신을 알라   97
8   인도로 가는 길   115
9   이스트미아 제전 최고상   123
10   기둥 위의 수도자   137

주   153

1

개 같은 인생

고향으로부터의 추방[1]

디오게네스는 시노페 출신으로, 그의 아버지 히케시오스는 환전상이었다. 디오클레스*에 따르면, 디오게네스가 추방된 이유는 국고를 관리하던 히케시오스가 화폐를 변조했기 때문이라고 한다. 그러나 에우불리데스[†]는 화폐를 변조한 장본인이 바로 디오게네스였으며, 그 일로 인해 아버지도 함께 추방되었다고 주장했다. 실제로 디오게네스는 저서 『포르달로스』에서 자신이 화폐를 변조했다고 밝히기도 했다. 또 다른 이야기로는, 디오게네스가 화폐 관리를 맡았을 때 작업자들의 설득에 넘어가 델포이 또는 고향의 아폴론 신전에서 신탁을 청했다고 한다. 그런데 '나라에서 통용되는 것'을 바꾸라는 신탁을 문자 그대로 받아들여 화폐를 변조했고, 결국 이 일이 발각되어 추방되었다는 설도 있다. 한편

---

* 기원전 4세기에 활동한 그리스의 철학자이자 의사로 식이요법과 예방의학에 대한 연구로 유명하다.
† 기원전 4세기경 활동한 고대 그리스의 철학자. 소크라테스의 제자인 에우클레이데스가 창시한 메가라학파의 일원으로 논리학과 역설로 유명하다. 『디오게네스의 삶』을 저술했으나 유실된 것으로 전해진다.

으로는 겁을 먹고 스스로 도망쳤다고도 한다. 또 다른 주장에 따르면, 부친에게서 화폐 교환 업무를 넘겨받은 후 화폐를 변조했고, 그 결과 아버지가 감옥에 갇혀 사망했다고 한다. 그 사이 디오게네스는 추방되었고, 델포이를 찾은 이유도 화폐 변조에 관한 물음이 아니라 '어떻게 하면 유명해질 수 있을까?'에 대한 신탁을 얻기 위해서였다고 한다.

아테네에 도착한 디오게네스는 안티스테네스를 찾아가 그의 제자가 되기를 청했다. 그러나 제자를 받을 생각이 없던 안티스테네스는 여러 번 거절했다. 하지만 디오게네스는 포기하지 않고 끈질기게 매달렸다. 어느 날 안티스테네스가 지팡이를 들어 내리치려 하자 디오게네스는 고개를 숙이며 말했다. "때려 주세요! 선생님께 배울 것이 있다면, 어떤 매질도 달게 견디겠습니다." 결국 이 사건을 계기로 디오게네스는 안티스테네스의 제자가 되었고, 추방자 신분으로 검소한 삶을 살게 되었다.

어느 날 디오게네스는 쥐가 잠자리 걱정을 하지도, 어둠을 두려워하지도, 쾌락에 목매지도 않은 채, 뛰어다니는 모습을 보고 어려운 상황을 헤쳐 나가는 데 필요한 임기응변의 재능을 깨우쳤다.

삶에는 훈련이 필요하다[2]

디오게네스는 훈련에는 두 가지 종류가 있다고 주장했다. 하나는 정신 훈련이고, 다른 하나는 육체 훈련이다. 육체 훈련은 지속적인 연습이 필요하며, 정신의 느낌이 덕행을 실천할 목적의 체계를 쉽사리 통과할 수 있게 해 준다. 이 두 가지 훈련은 상호 보완적이며, 둘 중 하나만으로는 충분하지 않다. 적절한 컨디션 조절과 힘은 정신과 신체 모두에 중요한 요소이기 때문이다. 또한 디오게네스는 훈련을 통해 덕을 실천하는 것이 어렵지 않다는 것을 증명하고자 했다. 예를 들어 장인들은 반복적인 손동작을 통해 기술을 익히고, 악기 연주자나 운동선수도 끊임없이 연습하여 기량을 갈고닦는다. 만약 이들이 신체 훈련과 더불어 정신 훈련도 병행한다면, 그들의 노력은 전혀 헛되지 않을 것이라고 주장했다.

디오게네스는 인생에서 무엇인가를 이루려면 훈련이 필수이며, 훈련을 통해 모든 어려움을 극복할 수 있다고 믿었다. 그는 자연의 순리에 따라 살면 진정한 행복으로 이어지는데, 사람들이 헛된 노력을 하며 스스로 불행을 초래한다고 생각했다. 심지어 쾌락을 멀리하는 것도 일단 습관이 되면 그 자체로 큰 즐거움이 된다고 주장했다. 편안한 삶에 익숙한 사람들은 불편한 환경에 처하면 쉽게 괴로움을 느끼지만, 훈련된 사람들은 쾌락을 거부하는 데서 더 큰 만족을 얻기 때문이다. 디오게네스는 이러한 생각을 말뿐만 아니라 행동으로도 보여 주었다. 그는 화폐를 변조함으로써 사회적 관습을 부정했고, 오직 자연에 따른 삶을 추구했으며, 헤라클레스처럼 자유를 최고의 가치로 여겼다.

어떤 이들은 견유학파를 제대로 된 철학 학파라기보다는 단순한 생활 방식으로 여겼지만, 내 생각은 다르다. 견유학파는 논리학과 자연과학을 배제하고, 오로지 윤리학에 집중해야 한다고 주장했다. 그리고 디오클레스에 따르면 소크라테스의 말로 전해지는 명언 중 디오게네스에게서 유래한 것이 있다. 디오게네스는 우리에게 중요한 것은 철학 이론이 아니라 실제 삶에서 선과 악을 낳는 것이 무엇인지 식별하는 것이라고 강조했다.

견유학파는 전통적인 교육 과목도 무시했으며, 기하학이나 음악 같은 학문도 불필요하다고 여겼다. 실제로 누군가가 해시계를 보여 주며 자랑하자 디오게네스는 "그것참 유용하군. 저녁 식사를 놓치지 않게 해 주겠군"이라고 대꾸했다.

한번은 어떤 이가 음악을 연주하자 "도시가 인간의 현명한 이성으로 다스려지듯이 가정도 마찬가지네, 줄을 퉁기고 뜯는 것으로 다스려지는 것이 아닐세"라고 충고했다.

견유학파는 스토아학파와 마찬가지로 덕에 따라 사는 것이 인생의 궁극적 목적이라고 보았다. 두 학파 사이에는 분명 유사한 부분이 있으며, 그래서 견유주의는 덕에 이르는 첩경이라는 말도 있었다.

그들은 최소한의 소유로 만족하는 삶을 강조하며 소박한 식사를 하고, 단벌만 걸쳤으며 부와 명예·귀족 출신을 경멸했다. 일부 견유학파 철학자는 채식주의를 실천하고 찬물만 마시며 몸을 눕 수만 있다면 무엇이든 거처로 삼았다. 디오게네스 역시 커다란 항아리에서 살며 '신은 아무것도 필요로 하지 않지만, 신과 같은 삶을 사는 사람은 지극히 적은 것만 필요로 한다'고 말했다.

또한 그들은 덕은 배울 수 있으며, 한 번 익히면 누구도 빼앗을 수 없다고 생각했다. 지혜로운 사람은 사랑받을 가치가 있고, 나무랄 데 없으며, 같은 부류의 사람과 친하다고 했다. 운에 의존하지 말아야 하며, 덕과 악 사이에 있는 것들은 도덕적으로 중립적이라고 여겼다.

개 같은 디오게네스

누군가가 전하는 말에 따르면 디오게네스는 최초로 외투를 두 겹으로 말아 그 안에서 잠을 청했다고 알려져 있다. 또한 음식이 담긴 바랑을 지니고 다니기도 했다. 나이가 들어 기력이 쇠약해지자 지팡이에 의지하게 되었는데, 도시에서는 사용하지 않았지만 여행 중에는 항상 지팡이와 바랑을 함께 들고 다녔다. 그는 길거리 어디서든 밥을 먹고 자고 사람들과 토론을 벌였다. 가끔은 제우스 신전의 회랑이나 공공건물인 폼페이온을 가리키며 아테네 사람들이 자기에게 거처를 마련해 주었다고 말하기도 했다.

한번은 누군가에게 작은 집을 사달라는 편지를 보냈으나 답장이 늦어지자, 메트로온에 있는 커다란 저장 항아리를 거처로 삼았다. 여름에는 뜨거운 모래 위에서 뒹굴고, 겨울에는 눈으로 뒤덮인 조각상을 껴안는 등 온갖 방법으로 혹독한 훈련을 지속했다.[3)]

다음은 디오게네스가 사용하던 삼단논법이다.

모든 것은 신의 것이다.
지혜로운 자는 신의 친구이다.
친구끼리는 무엇이든 공유한다.
그러므로 모든 것은 지혜로운 자의 것이다.

디오게네스는 극장에서 나오는 인파와 반대로 걸어 들어가곤 했다. 그 이유를 묻자 "나는 평생 이렇게 살아왔다"라고 답했다.[4)]

그는 종종 아고라 한복판에서 자위를 하며 "배고픔도 이렇게 손으로 해결할 수 있다면 얼마나 좋을까!"라고 말했다.

언젠가 한번은 도시에 온 이방인들이 웅변가 데

모스테네스를 보고 싶어 했다. 그러자 디오게네스는 가운데 손가락을 들어 그를 가리키며 말했다. "저기 있다! 아테네의 선동가다!"[5]

언젠가는 한 아이가 손으로 물을 떠 마시는 것을 보고는 바랑에 있던 잔을 내던지며 외쳤다. "이 아이가 나보다 더 검소하게 사는구나!" 어느 날에는 그릇을 깨뜨린 아이가 속을 파낸 빵을 그릇처럼 사용하여 렌틸콩을 담는 모습을 보고는 가지고 있던 밥그릇마저 내버렸다.[6]

디오게네스는 인생사와 관련해 정신 차리지 않으면 죽기 십상이라고 늘 강조했다.[7]

어떤 이가 "시노페 사람들은 당신을 추방했소"라고 말하자, "그런가. 하지만 나는 그들을 그곳에 가두어 두었소"라고 대답했다.[8]

고향이 어디냐는 질문에는 "나는 세계시민이다"라고 답했다.[9]

점심을 언제 먹어야 하느냐는 질문에는 "부자라면 원하는 때에, 가난하면 가능한 때"라고 대답했다.[10]

어떤 술을 좋아하는지 묻자 "남의 술"이라고 대

답했다.[11)]

왜 사람들이 철학자에게는 돈을 주지 않으면서 거지에게는 주는지 묻자 "언젠가는 자기도 절름발이나 장님이 될 수도 있다고 생각하지만, 철학자가 될 거라고는 절대로 생각하지 않기 때문"이라고 대답했다.[12)]

언젠가 디오게네스는 조각상 앞에서 구걸했다. 누군가가 그 이유를 묻자 "거절당하는 훈련을 하는 중"이라고 대답했다.[13)]

디오게네스는 대낮에 등불을 들고 다니며 "나는 인간을 찾고 있다"라고 중얼거리곤 했다.[14)]

누군가가 "대부분의 사람이 당신을 비웃고 있다"라고 하자 "당나귀들도 사람들을 보고 비웃겠지. 하지만 사람들은 당나귀를 전혀 신경 쓰지 않소. 나도 마찬가지요."라고 대답했다.[15)]

무슨 짓을 하고 다니기에 사람들에게 개라고 불리는지 묻자 디오게네스는 "베푸는 사람에겐 꼬리를 흔들고, 인색한 사람에게는 짖어 대며, 나쁜 놈은 물어 버리기 때문"이라고 대답했다.[16)]

만찬회에서 사람들이 개를 대하듯 그에게 뼈다귀

를 계속 던지자, 디오게네스는 개처럼 그들에게 오줌을 갈기고 떠나 버렸다.[17]

"디오게네스는 어떤 사람인 것 같습니까?"라는 질문에 플라톤은 "그는 미친 소크라테스"라고 대답했다.[18]

"인간의 가장 뛰어난 점은 무엇인가?"라는 질문에 디오게네스는 "솔직하게 말하는 것"이라고 답했다.[19]

언젠가 알렉산드로스 대왕이 디오게네스 앞에 서서 "나는 위대한 왕 알렉산드로스다"라고 말하자 "나는 개 같은 디오게네스다"라고 답했다.[20]

디오게네스가 코린토스 외곽 크라네이온의 사이프러스 숲에서 햇볕을 쬐고 있을 때, 알렉산드로스 대왕이 앞에 나타나 "원하는 것이 있으면 무엇이든 말해 보라"라고 하자 "내 햇볕이나 가리지 말아 달라"고 대답했다.[21]

어느 날 플라톤이 '인간은 깃털 없는 두 발 짐승'이라는 정의로 찬사를 받자, 디오게네스는 닭 한 마리의 깃털을 뽑아 강연장에 들고 와서 "보라, 여기 플라톤이 말하는 인간이 있다!"라고 조롱했다. 이

에 플라톤은 인간의 정의에 "납작한 발톱을 가진"이라는 조건을 추가했다.[22]

디오게네스는 노예로 팔려 가는 상황에서도 위엄을 잃지 않았다. 아이기나로 배를 타고 가던 중 스키르팔로스가 이끄는 해적에게 납치되어 크레타섬으로 끌려가 노예로 팔리게 되었다. 경매인이 할 줄 아는 것이 무엇이냐고 묻자 디오게네스는 "사람을 다스릴 줄 안다"라고 대답했다. 그러고는 화려한 보라색 옷을 입고 있던 코린토스인 크세니아데스를 가리키며 말했다. "저 사람에게 나를 파시오. 그에게는 주인이 필요하오." 결국 크세니아데스는 디오게네스를 사서 집으로 데려갔고, 그에게 아이들의 훈육과 집안일을 모두 맡겼다. 디오게네스가 모든 일을 훌륭하게 해내자 크세니아데스는 "우리 집에 귀인이 들어왔다"라고 자랑하고 다녔다.[23]

디오게네스의 죽음[24]

디오게네스는 거의 아흔 살까지 장수했다고 하는데, 그의 죽음에 관해서는 여러 이야기가 전해진다. 어떤 설은 문어를 날로 먹다가 탈이 나서 죽었다고 하고, 또 다른 설은 개들과 문어를 나눠 먹으려다 발뒤꿈치 힘줄을 물려 사망했다고 한다. 그러나 안티스테네스*가 『철학자들의 계보』에서 언급했듯이, 디오게네스를 잘 아는 사람들은 그가 스스로 숨을 참아 죽었을 가능성이 크다고 믿었다. 당시 디오게네스는 코린토스 외곽 크라네이온의 숲에 머물고 있었다. 어느 날 지인들이 평소처럼 그를 찾아갔는데, 처음에는 외투를 뒤집어쓴 채 잠들어 있는 줄 알았다. 그러나 디오게네스는 평소에 잠이 많지 않았고, 꾸벅꾸벅 조는 일도 거의 없었으므로 이상하게 여겨 외투를 들춰 보니 숨이 멎어 있었다. 지인들은 그가 남은 삶을 끝내고자 일부러 숨을 참아 죽었으리라고 추측했다.

이후 동료들 사이에서는 누가 디오게네스를 묻을 것인가를 두고 논쟁이 벌어졌고, 심지어 몸싸움까

---

* 로도스의 안티스테네스. 기원전 2세기경 활동한 그리스의 역사가로, 주로 로도스의 역사와 헬레니즘 시대의 사건들을 기록했다. 그가 직접 쓴 저작은 전해지지 않지만, 후대의 학자들이 그의 기록을 인용하며 언급한 것들이 전해진다. 그리스 철학자들에 대해 쓴 『철학자들의 계보』는 디오게네스 라에르티오스의 『유명한 철학자들의 생애와 사상』에 자주 언급된다.

지 일어났다. 그러나 그들의 부모와 코린토스의 원로들이 현장에 도착해 중재한 덕분에, 디오게네스는 이스트모스해협으로 향하는 성문 근처에 묻히게 되었다. 그의 무덤 위에는 기둥이 세워졌고, 그 위에는 파로스의 대리석으로 만든 개 석상이 놓였다. 후일 코린토스 시민은 청동상을 세워 디오게네스를 기리며 다음과 같은 글을 새겼다.

디오게네스
청동도 시간이 지나면 빛이 바래지만
그대의 명성은 영원히 사라지지 않으리.
오직 그대만이 우리 인간들에게 보여 주었네,
가장 쉬운 삶의 길과 자족하는 법을.

그러나 다른 전승에 따르면, 디오게네스는 자신의 시신을 매장하지 않고 버려 두거나 도랑에 던진 후 약간의 흙만 덮기를 원했다고 한다. 이는 맹수의 먹이가 되도록 하기 위함이었다. 또 다른 이야기에 따르면 일리소스강에 던져 달라고 했다는데, 이는 동료들에게 장례를 치르는 번거로움을 조금이라도 덜어 주려는 것이었다고 한다.

— 디오게네스 라에르티오스,『유명한
철학자들의 생애와 사상』제6권 중에서

☼

디오게네스 라에르티오스는 3세기 경에 활동했던 인물로, 고대 그리스 철학자들의 전기를 집대성한 작가로 알려져 있다. 그의 출생지나 출신 계급, 교육 배경 등 생애에 대해서는 알려진 바가 거의 없다. 이름에 들어 있는 '라에르티오스'가 그의 고향이나 가문을 나타낼 가능성이 있지만, 정확한 지명을 의미하는지조차 불분명하다. 따라서 일부 학자들은 그를 철학자로 보기보다는 철학사를 정리한 저술가로 보기도 한다. 저술의 내용을 보면 여러 학파에 중립적이었으나, 특히 에피쿠로스학파를 높이 평가했고 회의주의 학파에도 많은 관심을 보였다. 고대 그리스 철학자들의 삶과 사상을 다루며 그리스 철학사를 정리한『유명한 철학자들의 생애와 사상』을 통해 귀중한 문헌을 후대에 전해 주었다. 총 10권으로 구성된 이 책은 탈레스에서부터 에피쿠로스에 이르기까지 다양한 철학자들의 생애·업적·사상·저술을 소개한다. 특히 철학자의 개인적인 일화나 기묘한 행동·그들 사이의 관계까지 담고 있어 철학사의 중요한 자료로 평가받는다.

그중 제6권은 견유학파 철학자들의 생애와 사상을 중점적으로 조명한다. 특히 디오게네스의 삶과 사상을 통해 당시 사회를 강하게 비판하며, 자연과 본성에 따르는 삶을 강조한 견유학파의 철학적 특징을 잘 보여 준다. 여기서 디오게네스는 독특한 사상을 가진 철학자로 묘사되는데, 그가 보여 준 삶의 모습과 여러 가지 기행이 소개된다. 주요 내용으로는 디오게네스의 출신과 유래, 안티스테네스와의 관계, 극단적 단순함과 자급자족을 추구한 생활, 알렉산드로스 대왕과의 일화, 행동을 통한 가르침, 죽음과 유언 등이 실려 있다.

크레이아는 고대 그리스 및 로마에서 널리 쓰였던 짧은 이야기로, 주로 유명한 철학자나 인물의 재치 있는 말이나 행동을 강조함으로써 철학적 교훈을 전달하는 데 사용되었다. 디오게네스는 그의 독특한 성격과 철학적 태도로 인해 수많은 크레이아가 전해지고 있으며, 이는 견유학파 철학을 이해하는 중요한 자료이다. 디오게네스의 크레이아는 단순한 유머가 아니라 사회적 위선과 물질적 욕망을 비판하며 자연에 따르는 삶을 강조하는 견유학파 철학의 핵심을 담고 있다. 그의 일화들은 고대뿐만 아니라 현대에도 여전히 강렬한 인상을 주며 철학과 삶에 대한 근본적인 물음을 불러일으킨다.

2

견유학파의 육아법

당신이 출산했다는 소식을 이제야 들었소. 내게 아무 말도 전하지 않은 걸 보니 순산한 모양이오. 신께 감사드리며 당신에게도 고마움을 전하오.

고난을 겪는 것이 결국 아무 고난도 겪지 않는 길임을 이제 당신도 깨달았으리라 확신하오. 임신 중에 운동선수처럼 부지런히 몸을 움직인 덕분에 그렇게 쉽게 출산할 수 있었을 것이오. 대다수의 여성은 임신하면 몸이 약해지고, 겨우겨우 출산하더라도 병약한 아기를 낳기 마련인데, 당신은 스스로 증명했듯이 건강하게 출산하였소. 그러니 이제 우리의 이 작은 아기를 잘 돌보시오. 지금처럼 당신의 본성에 맞게 흔들림 없이 돌본다면, 능히 잘 키우리라 믿소. 아기의 목욕물은 차갑게 하고, 포대기 대신 망토로 감싸시오. 젖도 너무 과하지 않게 적당히 먹이고, 거북이 등껍질에 뉘어 흔들어 재우시오(이렇게 하면 소아병을 예방하는 데 아주 좋다고 하오). 아이가 걷고 말하기 시작하면, 아이트라*가 칼

---

* 테세우스의 어머니. 아테네의 아이게우스 왕은 아들을 얻고 싶어 신탁을 들으러 델포이에 다녀가던 중 트로이젠에 들른다. 트로이젠의 왕 피테우스는 성대한 주연을 베풀어 아이게우스를

을 챙겨 아들 테세우스를 아테네로 보냈던 것처럼 당신도 지팡이, 망토, 바랑을 챙겨 아이를 아테네로 보내시오. 이는 칼보다 훨씬 더 훌륭한 보호 수단이 되어 줄 것이오. 그다음은 우리의 몫이니, 개 대신 황새를 길러 우리가 늙었을 때 보살핌을 받도록 해야 할 것이오!†

— 『견유학파 서간집』 33편

☼

크라테스는 기원전 4세기경 테베 출신의 철학자로, 견유학파의 창시자인 디오게네스의 사상을 계승했다. 그는 디오게네스와 비슷하게 부와 물질적 소유를 철저

취하게 한 뒤 자신의 딸 아이트라와 동침하게 만든다. 아이게우스는 커다란 바위 밑에 자신의 칼과 신발을 숨겨 두고는 아이트라에게 아들을 낳을 경우 그 아이가 바위를 들어 올릴 정도로 자라면 자기가 남긴 징표와 함께 아테네로 보내라는 말을 남기고 트로이젠을 떠났다. 테세우스는 열여섯 살이 되자 바위를 들어 올려 그 밑에 있던 칼과 신발을 가지고 아테네로 가서 아이게우스의 뒤를 이어 왕이 되었다.

† 그리스인들은 어린 황새들이 나이 든 부모에게 먹이와 둥지를 제공하며 돌보는 것을 보았다. 고대 작가들은 시민들이 노령의 부모를 돌봐야 한다는 '황새 법률'에 대해 언급했다.

히 거부하고 단순한 삶을 살았다. 테베의 유복한 가문 출신이었지만 자신의 재산을 모두 포기한 채 거리에서 철학을 실천했다. 이로 인해 '거지 철학자'라는 별명을 얻었으며, 사회적 규범과 물질적 욕망에서 해방되는 것이 진정한 자유와 행복이라고 믿었다. 공공장소에서 철학을 가르쳤고 풍자적인 언행으로 기성 사회를 조롱했으며, 특히 인간이 자연에 따라 살면 만족과 행복을 찾을 수 있다고 주장했다.

히파르키아는 견유학파에서 유일하게 기록이 남아 있는 여성 철학자로, 견유학파의 삶을 자발적으로 선택한 매우 독특한 인물이었다. 마로네이아 출신의 부유한 귀족 가문에서 태어났지만 전형적인 고대 그리스 여성과 달리 학문과 철학에 깊은 관심을 가졌다. 당시 여성은 결혼하여 가정에 전념해야 했지만, 견유학파 철학에 심취한 히파르키아는 전통적인 여성의 삶을 거부하며 가족들의 강한 반대에도 불구하고 크라테스와 결혼했다. 전해지는 일화에 따르면, 크라테스가 "내가 가진 것은 망토와 지팡이뿐이며, 결혼한다면 나와 같은 삶을 살아야 한다"고 경고했지만, 히파르키아는 기꺼이 그와 함께 거리에서 철학자로 살아가기를 원했다.

   『견유학파 서간집』에 수록된 33번 편지는 크라테스가 히파르키아에게 보낸 것으로, 그들의 철학적 관계를 엿볼 수 있는 중요한 자료다. 이 편지에서 크라테스는 히파르키아에게 자연스러운 삶을 추구하며, 인간이 가진 사회적 욕망을 경계할 것을 강조한다. 그는 히파르키아에게 부와 명예에 집착하지 말고, 단순한 삶 속에서 진정한 행복을 찾으라고 조언한다. 일상에서의 철학적 삶을 강조하는 이 편지를 통해 두 사람은 단순한 부부가 아니라 철학적 실천을 위한 동반자였다는 것을 알 수 있다.

3

이상적인 철학자의 전형, 데모낙스에게 바치는 헌사

저작으로 기억될 만한 인물에 주목하는 것은 당연한 일이라는 생각이 든다. 이 시대에도 뛰어난 신체 능력과 깊은 철학적 사고를 지닌 사람이 존재한다. 내가 소개하고자 하는 인물은 보이오티아 출신의 소스트라토스와 철학자 데모낙스다. 그리스인들은 소스트라토스를 헤라클레스라고 불렀고, 실제로 헤라클레스로 여겼다. 나는 이 두 사람을 직접 만나 보았고, 그들의 모습에 깊은 감명을 받았다. 특히 데모낙스와는 오랜 시간을 함께 보냈다.

　소스트라토스에 대해서는 이미 다른 책에서 자세히 다룬 바 있다. 그의 거대한 체격과 엄청난 힘, 파르나소스산에서의 야영 생활, 노숙하며 산에서 구한 음식으로 연명했던 이야기 그리고 그의 별명에 걸맞게 도둑을 소탕하고, 험한 길을 뚫어 다리를 놓는 등 힘든 활동을 거뜬히 해낸 것에 대해 기록했다. 이제는 데모낙스에 대해 이야기하는 것이 마땅하다고 생각한다. 그를 기억할 만한 인물로 남기고 싶고, 철학을 추구하는 젊은 세대에게 고대의 위대한 인물뿐 아니라 우리 시대에도 본받을 만한 철학자가 있다는 사실을 알려 주고 싶다.

내가 생각하기에 데모낙스는 가장 훌륭한 철학자이다. 데모낙스는 키프로스 출신으로 지위나 재산 면에서 배경이 꽤 괜찮았다. 하지만 그런 것들을 초월하여 인생에서 가장 가치 있는 것을 추구해야 한다고 여겼고, 결국 철학의 길을 선택했다. 그를 철학의 길로 인도한 것은 아가토불로스나 데메트리오스, 에픽테토스가 아니었다. 물론 그는 이들과 교류했고, 특히 언변이 뛰어난 지혜로운 철학자 티모크라테스와도 가까웠다. 하지만 데모낙스는 이들로부터 철학을 배우거나 권유받아 철학자가 된 것이 아니었다. 그는 어린 시절부터 선을 추구하는 본능적 성향과 철학에 대한 타고난 열정을 지니고 있었다. 그래서 많은 이들이 좋다고 여기는 것들을 하찮게 여기고, 오로지 자유롭고 거침없는 발언을 추구하며 살았다. 올바른 사고와 철학적 진실을 몸소 실천하며, 보는 이들에게 모범이 되는 삶을 살았다.

그러나 그가 아무 준비 없이 무턱대고 철학에 뛰어든 것은 아니었다. 어릴 때부터 시인들의 작품을 배우고 암기했다. 웅변술을 익히고, 여러 철학 학파를 단기간에 피상적으로 훑어보는 데 그치지 않고 오랫동안 깊이 탐구했다. 또한 몸을 꾸준히 단련했고, 궁극적으로 남에게 의존하지 않는 삶을 살고자 했다. 그래서 더 이상 자기 몸을 건사할 수 없다고 판단했을 때 스스로 삶을 마감했다. 그의 죽음은 고위층 그리스인들 사이에서도 오래도록 회자하였다.

데모낙스는 특정한 철학 학파를 따르기보다는 여러 사상을 절묘하게 혼합하여 자신만의 철학을 완성했다. 옷차림이나 자유분방한 생활 방식만 보면 시노페의 디오게네스를 닮은 듯했지만, 실상은 소크라테스 쪽에 더 가까웠다. 그러나 그는 사람들을 놀라게 하거나 관심을 끌고자 일부러 기존 질서를 뒤흔들지는 않았다. 오히려 평범한 사람처럼 살았으며, 어떠한 허세도 부리지 않았다. 심지어 정치에도 관여했다. 다만 소크라테스의 신랄한 반어법 대신 아테네 특유의 세련된 말솜씨로 사람들을 대했다. 그래서 그와 대화를 나눈 사람은 그를 무례하다고 생각하거나 그에게서 기분 나쁜 충고를 들었다고 느끼지 않았다. 오히려 기쁨을 얻고, 마음이 한결 가벼워지며, 더 밝은 미래를 기대하는 기분으로 돌아가곤 했다. 심지어 누군가를 꾸짖어야 할 때조차도 절대 소리치며 흥분하거나 화를 내지 않았다. 누군가의 잘못된 행동을 비판하더라도 그 사람 자체는 용서했다. 마치 의사가 병을 치료할 때 환자에게 화를 내지 않는 것과 같은 태도였다. 그는 인간이라면 누구나 실수할 수 있지만, 그 실수를 바로잡는 것은 신이나 신과 같은 사람의 몫이라고 믿었다.

데모낙스는 자신이 살아온 방식 덕분에 부족한 것이 없었지만, 친구들이 필요로 하는 것을 이루도록 적극 도왔다. 운이 좋아 보이는 이들에게는 그들이 누리는 행운이 단지 겉보기에만 축복일 뿐이며, 오래 지속되지 않는다는 사실을 상기시켰다. 가난을 한탄하거나, 유배 생활을 불평거나, 늙음이나 병을 탓하는 이들에게는 시간이 지나면 고통도 끝나고, 좋은 것이든 나쁜 것이든 모든 것이 망각 속으로 사라져 결국 영원한 자유가 찾아온다는 점을 상기시키며 위로했다. 그는 다투는 형제들을 화해시키고, 부부 사이의 평화를 도모하는 일에도 관심을 기울였다. 심지어 흥분한 군중을 적절한 말로 진정시키고, 그 가운데 많은 이들이 나라를 위해 적절히 봉사하도록 설득하기까지 했다.

그의 철학은 이처럼 온화하고 품위 있으며 유쾌했다. 우정을 인간이 누릴 수 있는 최고의 선이라고 여겼으므로 데모낙스가 유일하게 슬퍼한 것은 친구의 병 또는 죽음뿐이었다. 따라서 그는 인간이라면 누구도 배제하지 않았으나, 일부 사람들과 특별히 더 친하게 지냈다. 반면 회복할 희망이 없을 정도로 타락한 자들과는 거리를 두었다. 그는 언제나 은총의 여신들과 아프로디테가 함께하는 듯한 태도로 말하고 행동했으며, 덕분에 고대 희극의 대사처럼 "설득의 여신이 그의 입술 위에 자리 잡았다"라는 이야기를 듣곤 했다.

이렇듯 데모낙스는 아테네 시민 전체와 정부의 고위 인사들로부터 깊은 존경을 받으며 뛰어난 인물로 평가받았다. 그러나 처음에는 많은 이들과 충돌했고, 직설적인 화법과 자유로운 생활 방식 때문에 소크라테스가 겪었던 것처럼 강한 반감을 샀다. 소크라테스를 고발했던 아니토스와 멜레토스처럼 데모낙스를 비난하는 자들이 있었다. 그들은 그가 한 번도 신에게 제사를 올리는 모습을 본 적이 없으며, 엘레우시스의 신비 의식에 참여하지 않았다는 점을 문제 삼았다. 이러한 고발에 대응하여 데모낙스는 대담하게 화관을 쓰고 깨끗한 망토를 걸친 채, 의회에 들어가 변론을 펼쳤다. 변론은 부드러웠으나, 그의 평소 생활 방식보다 더 날카로운 부분도 있었다. 한 번도 아테나 여신에게 제사를 올린 적이 없다는 비난에 대해서는 이렇게 답했다. "아테네 시민 여러분, 제가 지금껏 아테나 여신에게 제사를 드리지 않은 것을 이상하게 여기지 마십시오. 아테나 여신에게는 제가 바치는 제물이 필요 없다고 생각했기 때문입니다." 신비 의식에 참여하지 않은 이유에 대해서는 이렇게 설명했다. "만약 신비 의식이 형편없는 것이라면, 저는 아직 입문하지 않은 사람들에게 그 사실을 밝혀 의식에 참여하지 않게 할 것입니다. 반대로 그것이 훌륭한 것이라면, 저는 인류애를 발휘하여 모두에게 그 내용을 알릴 것입니다." 양손에 돌을 쥐고 금방이라도 던질 기세였던 아테네 시민들은 그의 말이 끝나자 즉시 노여움을 풀고 유순해져 우호적으로 바뀌었다. 사람들은 그때부터 데모낙스를 존경했고, 결국에는 열렬히 흠모했다. 그가 다소 신랄한 어조로 연설을 시작했음에도 불구하고 벌어진 일이었다. "아테네 시민들이여, 보시다시피 저는 화관을 쓰고 이곳에 섰습니다. 여러분이 전에 바친 제물이 길조를 가져오지 못했으니 이제 저를 제물로 삼으십시오!"

데모낙스는 병을 앓거나 아프지 않은 채, 누구에게도 폐를 끼치거나 무언가를 요구하는 일 없이 백 살 가까이 장수했다. 그는 한결같이 친구들에게 도움을 주었고, 누구와도 척지는 일을 하지 않았다. 아테네 시민뿐만 아니라 그리스 전체가 그를 깊이 사랑하여, 마치 신의 현현을 보는 듯한 경외감을 느꼈다. 심지어 그는 늙어 가면서 초대받지 않고도 아무 집에나 들어가 먹고 자곤 했는데, 사람들은 신성한 존재가 집에 방문한 듯 그를 맞아들였다. 거리를 지나가면 빵을 파는 여자들이 데모낙스를 잡아끌며 앞다투어 빵을 주려 했고, 그에게 빵을 주는 데 성공한 사람은 그것을 행운으로 여겼다. 아이들도 과일을 가져다 주며 그를 '아버지'라고 불렀다. 언젠가 한번은 아테네에서 정쟁이 벌어졌는데, 당시 데모낙스가 의회에 들어선 것만으로도 정쟁 당사자들은 입을 다물었다. 자기 행동을 뉘우치는 그들을 본

데모낙스는 아무 말 하지 않고 그 자리를 떠났다.

더이상 자기 몸을 돌볼 수 없다는 것을 깨달았을 때, 데모낙스는 함께 있던 사람들에게 올림픽 시합에서 전령이 복창하던 구절을 읊조렸다.

가장 귀한 상을 가리는
경기는 이제 끝났네.
때가 되면 망설이지 말고
떠나야 하리라.

데모낙스는 곡기를 끊은 채, 늘 그랬듯이 쾌활한 모습으로 세상을 떠났다. 죽기 얼마 전에 누군가 장례를 어떻게 치르면 좋을지 물었을 때 이렇게 대답했다. "괜히 수고할 것 없소. 어차피 악취로 묻힐 텐데!"

"말도 안 됩니다. 당신 같은 사람의 시신을 새와 개의 먹이로 내어놓다니요?"

"내가 죽어서조차 살아 있는 것들에게 쓸모가 있다면 얼마나 좋은가."

그러나 데모낙스의 유언에도 불구하고 아테네 사

람들은 국장으로 성대한 장례식을 치렀고, 꽤 오랫동안 그를 애도하였다. 사람들은 데모낙스가 피곤할 때 앉아 쉬곤 하던 돌의자 앞에서 무릎을 꿇고, 그것을 신성하게 여겨 거기에 화환을 걸었다. 그의 장례식에는 누구도 빠지지 않고 참석했다. 특히 철학자들이 대거 참석했고, 어깨에 관을 메고 무덤까지 운구했다.

이것 말고도 언급하려 했던 내용이 많다. 그러나 이 정도만으로도 독자들은 그가 어떤 사람이었는지 충분히 알 수 있을 것이다.

— 루키아노스, 『데모낙스의 삶』 요약

※

루키아노스는 고대 로마 제국 시대에 활동한 시리아 출신 그리스 작가로, 풍자 문학의 대가로 널리 알려져 있다. 그는 다양한 문학 형식을 활용하여 철학·종교·미신·사회 관습 등을 비판하는 작품을 다수 남겼다. 대표작으로는 『신들의 대화』, 『거짓 예언자 알렉산드로스』, 『죽은 자들의 대화』 등이 있다. 특히, 그는 풍자와 패러디 기법을 활용하여 기존의 신화나 철학적 논의를 유머러스하게 재해석하는 데 뛰어났다.『데모낙스의 삶』은 철학자 데모낙스의 삶과 사상을 기록한 짧은 글이다. 이 작품은 전통적인 철학적 전기와는 달리 루키아노스 특유의 풍자와 위트가 가미된 이야기로 구성되어 있으며, 데모낙스의 날카로운 언변과 기발한 일화들을 통해 당시 철학자들의 허세와 모순을 꼬집는다.

데모낙스는 2세기경 키프로스에서 태어나 아테네에서 활동한 철학자로, 독립적이고 비판적 사고를 지닌 현자로 평가받는다. 루키아노스에 따르면, 데모낙스는 권력과 물질적 욕망을 경멸하고, 유머와 재치를 통해 사회의 위선을 조롱하면서도 온화하고 유연한 태도로 사람들을 대했다. 또한 지나치게 엄격한 금욕주의나 형식적인 철학 논쟁보다는 실용적이고 현실적인 삶의 태도를 중시했다. 플라톤·아리스토텔레스·에픽테토스 같은 철학자들의 사상을 연구하며 여러 철학 사상을 고루 받아들였다. 그러면서도 특정 학파에 얽매이지 않고 자신만의 독립적인 철학적 태도를 견지했지만 견유주의에 가장 가까운 사상을 지녔다. 루키아노스는 데모낙스를 이상적인 철학자의 전형으로 묘사하면서, 그가 당대의 위선적인 철학자들과 달리 진정한 내면의 자유를 추구한 인물이라고 강조했다.

4

속물처럼 살 것인가,
개 같이 살 것인가

리키노스 이보시오. 수염도 깎지 않고 머리도 길렀는데, 옷은 왜 안 걸치는 거요? 왜 그렇게 벌거벗은 채 맨발로 돌아다니는 거요? 왜 부랑아처럼, 남들과 어울리지 않고 짐승 같은 생활 방식을 선택했소? 보통 사람과 정반대로 자기 몸을 학대하고 있잖소. 이리저리 떠돌다 맨땅에서 자려고 하니 망토가 그렇게 더러워진 거 아니오. 물론 원래부터 말끔하고 보드랍고 향기로운 것은 아니었겠지만. 도대체 왜 그러고 다니는 거요?

키니코스 음, 나는 그런 옷이 필요 없소. 이 옷이야말로 가장 쉽게 구할 수 있고, 입은 사람을 덜 성가시게 하는 옷이오. 나한테는 이게 딱 맞소. 그런데 하나 물읍시다. 방탕한 생활이 사치와 연결된다고 생각하지 않소?

리키노스 맞소, 그런 것 같소.

키니코스 그럼 덕은 검소함과 관련이 있고?

리키노스 당연히 그렇지 않겠소.

키니코스 그렇다면 내가 보통 사람보다 더 검소하게 살고 그들이 더 사치스럽게 산다는 것을 알면서 왜 그들이 아닌 나를 비난하는 거요?

리키노스 그야 당신은 검소하다기보다는 부족한 삶을 살고 있는 것처럼 보이기 때문이오. 아니, 부족한 정도가 아니라 완전히 형편없고, 아무 대책 없이 사는 것 같소. 매일 끼니를 해결하려 구걸하는 거지와 다를 바가 없잖소.

키니코스 좋소, 마침 말이 난 김에 따져 봅시다. 대체 부족하다는 게 뭔지, 충분하다는 게 뭔지 말이오. 토론할 의향이 있소?

리키노스 당신이 좋다면야.

키니코스 사람마다 각자에게 필요한 것을 정확히 충족시키는 상태를 충분하다고 하는 거 아니겠소? 아니면 다른 의견이 있소?

리키노스 아니오, 나도 그 의견에 동의하오.

키니코스 그리고 뭔가 필요한 것을 정확히 충족시키지 못하는 상태를 부족하다고 하는 거 아니오?

리키노스 그렇소.

키니코스 그렇다면 내 삶은 부족한 것이 전혀 없소. 내 생활 방식에서 필요한데 충족되지 않는 것은 하나도 없소.

리키노스 그게 무슨 말이오?

키니코스 우리에게 필요한 것, 가령 집을 예로 들어봅시다. 집이 필요한 이유가 뭐요? 보호가 필요해서 존재하는 것 아니오?

리키노스 맞소.

키니코스 좋소, 그렇다면 옷은 어떻소? 그것 또한 우리의 보호 욕구를 충족시키는 것 아니오?

리키노스 그렇소.

키니코스 하지만 보호 자체는 어떻소? 그것이 필요한 이유가 뭐요? 그것은 보호받는 사람이 더 나은 상태에 있도록 하려는 것이 아니오?

리키노스 그런 것 같소.

키니코스 내 발이 당신 발보다 못한 것 같소?

리키노스 잘 모르겠소.

키니코스 자, 답을 알려 줄 테니 잘 들으시오. 발의 기능이 무엇이오?

리키노스 그야 걷는 것 아니겠소.

키니코스 당신이 보기에 내 발이 보통 사람의 발보다 못 걷는 것 같소?

리키노스 그런 점에서라면 아마 아닐 거요.

키니코스 그렇다면 내 발이 기능을 제대로 하는 거

니까, 부족하다고 볼 수 없소.

리키노스 그렇소.

키니코스 그렇다면, 적어도 발만큼은 나는 보통 사람들에 뒤지지 않는 거요.

리키노스 그런 것 같소.

키니코스 좋소, 그럼 나머지 신체도 살펴봅시다. 내 몸이 남들보다 못한 것 같소? 몸이 약하다면 못하다고 할 수 있겠지만, 건강한 몸의 특징은 힘이잖소. 내 몸이 남들보다 허약한 것 같소?

리키노스 그런 것 같지는 않소.

키니코스 그렇다면 내 발도, 내 몸도 보호 측면에서 보면 부족한 것은 없는 셈이오. 만약 부족했다면 상태가 좋지 않을 것이기 때문이오. 결핍은 어디에서 생기든 나쁜 것이고 결핍을 겪으면 더 안 좋은 상태가 되오. 그리고 나는 그날그날 얻는 음식으로 몸을 유지하는데도, 보통 사람들보다 영양 상태가 전혀 나쁘지 않소.

리키노스 확실히 그런 것 같소.

키니코스 영양을 제대로 공급받지 못했다면, 몸이 이렇게 건강하지는 못할 거요. 나쁜 음식은 몸을 해

치니 말이오.

리카노스 그럴 거요.

키니코스 그렇다면 모든 것이 이렇듯 분명한데, 도대체 왜 나를 비난하고 내 생활 방식을 무시하며 비참하다고 하는 거요?

리카노스 솔직히 말해서, 당신이 숭배하는 자연과 신들이 우리 모두를 위해 이 세상을 창조했고, 우리에게 필요한 것뿐만 아니라 기쁨을 누릴 수 있도록 풍요로운 것들을 제공했소. 그런데 당신은 이런 것들을 거의 누리지 않고, 짐승과 다를 바 없이 살아가고 있잖소. 물도 짐승처럼 마시고, 먹을 것도 개들이 그러하듯 주어지는 대로 먹잖소. 잠자리도 개집과 다를 바 없고, 개 밥그릇이 어울리잖소. 게다가 당신이 걸치고 있는 망토는 극빈자의 것보다 나을 게 없소. 하지만 만약 당신이 이렇게 사는 것이 옳다면, 신이 양에게 따뜻한 털을 주고, 달콤한 포도주가 나오는 포도나무를 만들고, 올리브와 꿀 같은 다양한 먹거리를 만들어 낸 것은 잘못일 것이오. 신들은 우리에게 다양한 음식을 주었고, 맛있는 음료와 부드러운 침대, 아름다운 집과 여러 가지 멋진 세간살이를 주었소. 예술 작품조차 신이 내린 선물인데, 그런 것을 전혀 누리지 않고 산다면 마치 감옥에 갇힌 사람처럼 불행한 삶을 사는 것과 같소. 하지만 스스로 그런 풍요로움을 거부하는 것은 더욱더 불행한 일이오. 사실, 그것은 그냥 미친 짓이오.

키니코스 글쎄, 당신 말이 맞을 수도 있소. 그러나 이렇게 말하면 어떻겠소. 만약 부유한 사람이 성대한 잔치를 열어 온갖 산해진미를 차려 놓은 뒤에 강자와 약자를 가리지 않고 모든 사람을 초대해 친절하고 너그럽게 대접했다고 칩시다. 그런데 한 손님이 자기 앞에 놓인 것뿐만 아니라, 멀리 있는 음식까지 모두 독차지하여 먹어 치운다면 어떻겠소? 심지어 아픈 사람을 위해 마련된 음식까지 빼앗아 먹는다면? 그는 건강한 사람이지만, 배는 하나뿐이니 적당히 먹어도 충분한데, 탐욕스럽게 먹다 결국 자기 몸을 망치는 일을 어떻게 생각하시오? 그가 분별 있는 사람 같소?

리키노스 아니, 그런 것 같지 않소.

키니코스 그가 절제하는 것 같소?

리키노스 그것도 아니오.

키니코스 그렇다면, 같은 식탁에 앉은 또 다른 사람이 여러 요리에는 관심을 두지 않고, 자기 앞에 놓인 음식만 적당히 먹으며, 차분하고 절제된 태도로 식사를 즐긴다면? 그는 앞에 놓인 것만으로도 만족하며, 다른 음식에는 아예 눈길조차 주지 않소. 이런 사람은 아까의 탐욕스러운 사람보다 더 절제 있고 훌륭한 사람이라고 생각하지 않소?

리키노스 그렇소.

키니코스 그럼 이제 이해했소, 아니면 설명이 더 필요하오?

리키노스 뭘 이해했다는 말이오?

키니코스 신은 바로 훌륭한 주인과 같다는 사실 말이오. 신은 다양한 음식을 마련해 주셨고, 건강한 사람, 아픈 사람, 강한 사람, 약한 사람을 위해 각기 다른 음식을 준비해 두셨소. 하지만 모든 사람이 모든 것을 누리라는 뜻이 아니라, 각자에게 알맞은 것을 필요할 때 사용하라고 주신 것이오.

그런데 당신은 탐욕스럽고 절제 없는 사람처럼 행동하고 있소. 세상의 모든 것을 누리는 일을 당연하다고 여기며, 자기 주변의 것뿐만 아니라 온 세상의 재화를 끌어 모으려 하잖소. 당신은 조국과 연안에서 생산되는 것에 만족하지 못하고 쾌락을 위해 세계 곳곳에서 물건을 들여오고 있소. 국내 생산품보다 해외 생산품을, 값싼 것보다 비싼 것을, 쉽사리 구할 수 있는 것보다 구하기 어려운 것을 선호하오. 즉 당신은 고통 없는 삶보다 고난과 불행을 즐기는 것이오. 결국 당신이 행복이라고 여기는 값비싼 물건들은 사실 고통과 괴로움을 통해서만 얻을 수 있는 것들이오. 당신이 얻기 위해 그토록 열심히 갈망하는 금은보화, 호화로운 저택, 멋진 옷 그 밖의 온갖 장식품을 생각해 보시오. 그것들이 얼마나 힘든 대가를 치르게 하는지. 그것을 얻기 위해 얼마나 많은 사람이 애쓰고, 위험을 감수하며 심지어 목숨까지 잃는지 생각해 보시오. 많은 이가 바다에서 목숨을 잃고, 그것을 만들거나 찾아내기 위해 고생하지 않소. 심지어 사람들은 이런 물건들을 차지하기 위해 서로 싸우기도 하오. 친구끼리, 부자지간에도, 부부 사이에도 서로 배신하지 않소. 에리필레가 황금에 눈이 멀어 남편을 배신한 것*도 같은 이치요.

사실 화려한 자수 옷이 더 따뜻한 것도 아니고, 금칠한 집이 더 안전한 것도 아니며, 금과 은으로 만든 잔이 음료 맛을 더 좋게 하는 것도 아니오. 상아 침대가 더 편안한 잠을 보장해 주지도 않소. 오히려 비싼 침대와 고급 침구를 갖춘 부유한 사람들이 밤새 뒤척이며 잠을 이루지 못하는 모습을 종종 볼 수 있소. 또한 야단법석을 떨며 맛있는 요리를 준비해 봤자 그런 음식은 몸에 해롭고 병을 초래할 뿐이오. 더 말할 필요가 있겠소?

그리고 성욕을 채우기 위해 사람들이 일으키거나 겪는 고통에 대해서는 굳이 말할 필요도 없소. 사실 이 욕망을 채우는 건 그리 어렵지 않소, 방종을 선택하지만 않는다면 말이오. 그런데 성에 관한 한 사람들은 광기와 타락으로도 부족한 듯, 이제는 본래의 목적과 전혀 다르게 성욕을 왜곡하고 있소. 이는 마치 침대를 마차처럼 사용하려는 것과 다름없소.

---

* 그리스 신화에 등장하는 아르고스의 통치자이자 예언자 암피아라오스의 아내이다. 하르모니아의 목걸이에 매수되어 남편 암피아라오스에게 참전을 종용하여 결국 죽음에 이르게 하였다.

리키노스 누가 그런 짓을 한단 말이오?

키니코스 바로 당신들이오! 당신들은 사람들을 멍에 씌운 짐승처럼 부리며, 마차를 끌 듯 목에 침대를 짊어지게 하고 있소. 당신들은 그 위에 편히 누워 사치를 부리며 사람들을 당나귀처럼 몰아세우고 있소. 이리 가라, 저리 가라 명령하면서 말이오. 그런 짓을 하면 할수록 자신이 더 없이 행운아라고 느끼지 않소? 게다가 동물의 살을 단순히 먹는 데 그치지 않고 염료로도 쓰지 않소. 가령 자줏빛 천을 염색하는 데 말이오. 당신들은 이런 행위가 신이 창조한 세상을 거스르는 일이라 생각하지 않소?

리키노스 아니, 맹세코, 나는 그렇게 생각지 않소. 사람은 홍합의 살을 먹을 수도 있고, 그것을 염료로 사용할 수도 있소.

키니코스 하지만 홍합은 그런 목적으로 창조된 것이 아니오. 마치 포도주를 섞는 큰 그릇을 억지로 물병처럼 쓰는 것과 같소. 본래 목적이 아닌 방식으로 사용하는 것이니 말이오. 어쨌든 온갖 잘못된 행위로 생겨난 수많은 불행을 어찌 다 열거할 수 있겠소? 그중에는 매우 큰 불행도 있소. 그런데도 내가 그런 것에 개의치 않는다고 나를 비난한단 말이오? 사실 나는 절제된 삶을 살고 있소. 내 주변에서 얻을 수 있는 것만을 받아들이고, 가장 값싼 것들을 소비하며 다양한 사치품을 탐내지 않소.

더구나 필요한 것이 적고, 사용하는 것도 적다는 이유로 내가 짐승처럼 살고 있다고 비웃다니, 당신의 논리대로라면 신은 동물보다 못한 존재가 되어야 하오. 신들은 아무것도 필요치 않으니 말이오. 더 나아가, 누가 더 많은 것을 필요로 하는지 생각해 보시오. 어린아이가 어른보다 더 많은 것을 필요로 하고, 여성이 남성보다 더 많은 것을 필요로 하오. 병든 사람은 건강한 사람보다 더 많은 것을 필요로 하오. 즉 모든 경우에 열등한 존재가 우월한 존재보다 더 많은 것을 필요로 한다는 것을 알 수 있소. 따라서 신들은 아무것도 필요로 하지 않으며, 신에 가까운 사람일수록 최소한의 것만 필요로 한다는 결론이 나오지 않소?

그렇다면 헤라클레스는 어떻소? 그는 인간 중에서도 가장 뛰어난 존재였고, 신과 같은 사람이었으며, 마땅히 신으로 추앙받았소. 그런데도 그는 단순한 짐승 가죽 한 장만 걸치고 맨몸으로 세상을 떠돌아다녔소. 그가 불운해서 그랬겠소? 아니, 그는 전혀 불운하지 않았소. 그는 세상의 다른 사람들을 악으로부터 보호했소. 바다와 육지를 지배했으니 가난하지도 않았소. 그는 가는 곳마다 모든 곳을, 손대는 것마다 모든 것을 정복했소. 세상 어디에도 그와 대등하거나 그를 능가하는 자는 없었소. 인간 세상을 떠나기 전까지는 말이오. 그가 그렇게 살았던 이유가 몸을 덮을 담요 한 장이나 신발을 구할 능력이 없어서였겠소? 결코 그렇지 않소. 그는 극도로 절제하며 인내심을 발휘한 사람이었소. 사치를 누리기보다, 자제하는 삶을 원했던 것이오.

그리고 그의 제자인 테세우스는 어떠했소? 그는 모든 아테네인을 다스리는 왕이자, 사람들이 포세이돈의 아들이라고 부를 만큼 당대 최고의 인물이었소. 그런데도 그 역시 벌거벗고, 신발도 신지 않았고, 수염을 기르고 긴 머리를 휘날리는 모습이 아주 잘 어울렸소. 테세우스만이 아니라 옛사람들은 모두 그랬소. 그들은 당신들보다 훨씬 뛰어난 사내들이었지만, 사자처럼 수염과 머리를 자르지 않았소. 보드랍고 매끈한 피부는 여자들에게나 어울린다고 생각했고, 남자는 남자답게 보여야 마땅하다고 여겼소. 그들은 말과 사자의 갈기가 신이 준 영예와 장식이듯, 수염 또한 남자의 장식이라고 생각했소. 신이 남자에게 수염을 준 것도 같은 이유라고 말이오. 그래서 나는 옛사람들을 존경하며 그들을 본받고 싶소. 반면 음식과 옷에 대한 행운을 자랑하며 즐기는 자들을 경멸하오. 그들은 은밀한 부위마저도 자연 그대로 두지 않고 몸 구석구석의 털을 밀어 버리면서 몸을 꾸미고 있소.

나로서는 케이론*이 가졌다는 말발굽처럼 튼튼한 발을 갖기를, 사자처럼 침대가 필요 없고, 개처럼 값비싼 음식이 필요 없는 삶을 살기를 바라오. 온 땅을 잠자리로 삼고, 온 세상을 집으로 여기기를 바라오. 가장 쉽게 구한 음식을 기꺼이 먹을 수 있

---

* 그리스 신화 속 반인반마 종족인 켄타우로스 중 하나로 지혜롭고 온화한 성품을 지녔다. 의술·궁술·예술에 모두 능했고, 예언의 능력까지 지닌 현자로 아킬레우스를 비롯해 많은 영웅을 가르쳤다. 불사의 몸이었지만 히드라의 맹독이 묻은 헤라클레스의 화살에 맞고 고통스러워하다가 제우스에게 간청하여 죽을 수 있었다.

기를 바라오. 나와 내 친구들에게는 금붙이가 아무런 쓸모가 없기를 바라오. 사람들 사이의 갈등·전쟁·음모·살육 등 인간의 모든 불행은 그것들을 탐하는 욕망에서 비롯되오. 그 욕망에서 벗어나, 더 많이 가지려는 마음보다 덜 가질 수 있는 힘을 갖기를 바라오.

장담하건대, 이것이 내가 추구하는 삶이오. 물론 보통 사람의 바람과는 다르오. 그러니 입는 옷차림부터 차이가 나는 것은 당연하지 않소. 하지만 피리 연주자와 비극 배우처럼 리라 연주자도 특정 복장을 갖추는 것은 인정하면서, 훌륭한 사람도 그에 걸맞은 옷을 입는다는 것을 인정하지 않다니 놀랍소. 훌륭한 사람이 사악한 삶을 사는 보통 사람과 같은 옷을 입어야 한다고 생각하오? 만약 훌륭한 사람이 특별한 자기만의 옷이 필요하다면, 사치스럽고 타락한 자들이 혐오하는 옷보다 더 적절한 것이 있겠소?

그래서 나는 거친 천으로 된 낡은 외투를 입고, 머리를 기르고, 맨발로 다니는 것이오. 하지만 당신은 마치 미소년처럼 몸을 치장하고 있소. 당신이 입는

옷의 색깔이며, 부드럽고 풍성한 튜닉, 화려한 스카프, 신발, 머리 모양, 향수를 보자니 도대체 미소년과 구별할 수가 없소. 요즘 당신 같은 '행복한 사람들'은 향수 냄새를 풍기고 다니오. 하지만 도대체 어떤 남자가 미소년처럼 향수 냄새를 풍기기를 원하겠소? 그러니 당신이 그들과 똑같이 사치를 누리며 힘든 일을 견디지 못하는 것도 당연하오. 당신은 그들처럼 먹고, 자고, 걷거나, 심지어 걷기를 거부하고 짐짝처럼 실려 다니오. 가마를 타는 자들도 있고, 소가 끄는 수레를 타는 자들도 있소. 하지만 나는 내 두 발로 원하는 곳 어디든 갈 수 있고, 더위와 추위를 견딜 수 있소. 신들의 섭리에 대해 한탄하지도 않소. 하지만 당신들은 모든 것을 가졌으면서도 늘 불평뿐이오. 지금 가진 것에 만족하지 못하고, 가지지 못한 것을 갈망하오. 겨울에는 여름을 원하고, 여름에는 겨울을 원하며, 더울 때는 추운 날씨를 바라고, 추울 때는 더운 날씨를 바라오. 마치 짜증 많은 환자들처럼 말이오. 하지만 그들은 병 때문에 불평하는 것이고, 당신들은 그저 사치스러운 삶을 살고 싶어 그러지 않소. 그런데도 당신은 우리를 비판하며 우리의 삶을 바꾸려 하오. 우리가 어리석은 선택을 한다고 말하면서, 정작 당신 자신은 돌아보지 않소. 당신이 하는 모든 일은 논리나 이성에 기반한 것이 아니라, 단순한 습관과 욕망에서 비롯되오. 마치 급류에 휩쓸리는 사람처럼 말이오. 그들은 물살이 가는 대로 떠밀려 가오. 당신도 욕망이 이끄는 대로 떠밀려 가고 있지 않소? 당신이 처한 상태도 미쳐 날뛰는 말을 탄 사람과 같소. 말이 날뛰면, 그 위에 탄 사람은 방향을 통제할 수도 없고, 멈추지도 못하오. 누군가 그에게 "어디로 가고 있느냐?"고 물으면, 그는 "이 말이 가는 곳으로"라고 답할 뿐이오. 마찬가지로, 누군가 당신에게 "어디로 가고 있느냐?"고 묻는다면, 솔직하게 "내 욕망이 이끄는 대로" "내 쾌락이 원하는 대로" 혹은 "내 탐욕·분노·두려움이 끌고 가는 대로"라고 말해야 하지 않겠소? 그 이유는 당신이 한 마리의 말이 아니라 상황에 따라 서로 다르기는 하지만 전부 미쳐 날뛰는 여러 말에 올라타 있기 때문이오. 그러니 그것들이 당신을 낭떠러지와 골짜기로 휘몰아 가고 있는데도, 말에서 떨어질 때까지는 자신에게 무슨 일이 벌어질지 전혀 모르고 있소.

 당신이 조롱하는 이 낡은 망토와 긴 머리, 맨발은 나에게 큰 자유를 준다오. 그것 덕분에 나는 평온하게 살아가고, 내가 원하는 사람들과 원하는 일을 할 수 있소. 무지하고 교양 없는 자들은 나를 찾지 않소. 그들은 내 외모를 보고 멀리서부터 등을 돌리오. 하지만 지혜롭고 선한 자들은 먼 거리도 마다하지 않고 나를 찾소. 그들은 덕을 갈망하며 나를 찾아온다오. 나는 그들과 함께하는 시간을 기쁘게 여기오. 그러나 이른바 행복한 자들의 문을 두드리는 일은 없소. 오히려 그들의 금관과 자주색 옷을 하찮게 여기고, 그런 옷을 입고 다니는 사람들을 비웃을 뿐이오.

 그리고 당신이 비웃는 나의 복장은 선한 사람들에게만 어울리는 것이 아니오. 신들도 나처럼 입소. 믿기 어려우면 신들의 조각상을 보시오. 그 조각상이 당신을 닮았소, 아니면 나와 비슷하오? 그리스 신들뿐만 아니라 이방인들의 신전도 둘러보시오. 그곳의 신들이 나처럼 머리와 수염을 길렀는지, 아니면 당신처럼 말끔히 털을 밀어 버린 모습으로 조각되었는지 보시오. 신들조차 나와 같은 모습인

데, 그런데도 내가 초라하게 입었다고 감히 말할 수 있소?

— 가짜 루키아노스*, 『견유주의자』

☼

2세기 시리아 사모사타 출신의 루키아노스는 그리스어로 글을 쓴 풍자 작가이자 수사학자로, 철학과 신화를 신랄하게 비판하며 대화체 형식을 활용한 작품을 다수 남겼다. 그는 풍자와 아이러니를 통해 기존의 철학과 사회적 가치에 대해 깊이 있는 비판을 가하며, 위선과 비논리를 조롱하는 데 탁월한 능력을 발휘했다. 특히 소크라테스식 문답법을 활용하여 철학적 논쟁과 풍자를 효과적으로 전달했다. 그의 작품들은 이후 유럽 문학과 르네상스 인문주의자들에게 큰 영향을 미쳤다. 이 익명의 대화문은 루키아노스의 진짜 작품들 사이에 끼어 전해진다.

발췌문에 등장하는 리키노스와 키니코스는 루키아

---

* 루키아노스의 작품으로 전해지는 것 중에 실제로는 그가 쓴 것이 아닐 가능성이 높은 글들도 있는데, 이런 작품들은 일반적으로 '가짜 루키아노스'(Pseudo-Lucian)라는 이름으로 인용된다.

노스가 대화 형식에 자주 사용한 이름이다.* 리키노스는 일반적인 세속적 관점을 대변하는 인물로, 전통적인 사회 가치와 철학을 지지한다. 반면, 키니코스는 견유학파의 철학적 입장을 대표하는 인물로, 기성 사회의 위선과 사치를 비판하며 단순한 삶과 자급자족을 강조한다. 두 인물은 견유학파 철학자들이 주장하는 삶의 방식이 과연 타당한 것인지 그리고 그들이 말하는 것처럼 진정한 덕과 자유를 실현하고 있는지에 대해 논쟁을 벌인다. 리키노스는 견유학파 철학자들의 행동이 위선적이거나 지나치게 극단적일 수 있음을 지적하는 반면, 키니코스는 보통 사람들이 쾌락과 부에 얽매여 진정한 행복을 놓치고 있다고 주장한다. 견유학파의 이상과 현실 사이의 간극을 드러낸 이 대화를 통해 독자들은 진정한 덕과 자유에 대해 다시 한번 생각해 볼 수 있다.

---

* 대화를 주고받는 두 사람은 실제 인물이라기보다는 일종의 가공인물로 리키노스와 키니코스는 우의적으로 표현된 이름이다. 먼저 공격을 시작하는 리키노스는 '늑대 같다'는 의미이고 키니코스는 '개 같다'는 의미이다.

5

아니라고 말하는 법

루킬리우스에게 친구 세네카가.

 자네가 만사를 제쳐 두고 오로지 지식을 향한 끈질긴 탐구심으로 매일 더 나은 인간이 되고자 애쓰고 있다는 사실에 기뻐하며 진심으로 박수를 보내네. 자네가 앞으로도 계속 그렇게 나아가길 권고할 뿐만 아니라 요구하고 싶네. 그러나 단순히 남들의 주목을 받으려고 특정한 행동이나 생활 방식을 따르는 일은 삼가길 바라네. 그런 행동을 일삼는 자들은 삶에서 도덕적 성장을 이루려는 것이 아니라 단지 주목받고 싶어서 그러는 것뿐이라네. 너저분한 외모, 헝클어진 머리, 지저분한 수염, 돈에 대한 공공연한 혐오, 땅바닥에 펼쳐진 잠자리 그리고 자기를 드러내려고 잘못된 길을 가는 자들이 찾는 그 모든 것들. 이런 것들을 피하게. 검손하게 실천할 때조차 '철학'이라는 말은 이미 그 자체로 충분히 멸시받고 있다네. 만약 우리가 인간의 기본적인 관습조차 거부하며 스스로를 구별하려 한다면 무슨 일이 벌어지겠는가? 내면적으로는 모든 점에서 달라야 하지만, 겉모습은 남들과 같아야 하네. 겉옷을 화려하게 치장할 필요는 없지만, 그렇다고 일부러 더럽게 할 필요도 없네. 순금으로 장식된 은그릇을 소유할 필요는 없지만, 금은이 없다고 해서 그것이 곧 절제의 증거라고 생각해서도 안 되네. 우리는 평균적인 삶보다 나은 삶을 살아야 하고, 그와 반대되는 삶을 살아서는 안 되네. 그렇지 않으면 우리가 변화시키고자 하는 사람들이 오히려 우리를 두려워하여 우리와 멀어질 것이기 때문이지. 이러한 행동의 또 다른 결과는 설령 우리 행동에 본받을 점이 있더라도, 사람들이 우리의 모든 행동을 따라 해야 한다는 두려움에 사로잡혀 오히려 따르지 않게 된다는 것이네. 철학이 가장 우선으로 제공해야 할 것은 바로 공동의 목적의식, 인류에 속한다는 소속감, 공동체 안에서 함께 살아가는 태도라네. 그런데 남들과 다름을 추구한다면 그러한 가르침으로부터 멀어지게 만들 뿐이지. 우리가 추구하는 미덕들이 조롱받거나 반발심을 불러일으키지 않도록 주의하게나. 사실 우리의 가르침은 자연의 순리에 따라 사는 것이 아닌가. 그러나 자기 몸을 학대하고, 기본적인 청결을 무시하며 지저분하게 살고, 초라한 정도가 아니라 역겨운 썩은 음식을 먹는 일은 자연을 거스르는 짓이라네. 산해진미를 탐하는 일이 사치의 증거이듯, 쉽게 구할 수 있는 평범한 것마저 거부하는 일도 광기의 증거라네. 철학적 삶이 요구하는 것은 고행이 아니라, 절제 즉 분별 있는 절제라네. 나는 이러한 중용이 가장 적절하다고 생각하네. 우리의 생활 방식은 훌륭한 인격과 사회적 규범 사이에서 균형을 유지해야 하네. 모든 사람이 우리의 생활 방식을 알아차릴 수 있도록 하되, 그들도 그것을 이해할 수 있도록 해야 하네.

"그렇다면 우리도 다른 사람들과 똑같이 살아야 하는가? 그들과 우리 사이에 아무런 차이가 없단 말인가?" 바로 그렇다네. 자세히 들여다보아야만 우리가 대중과 다르다는 것을 알아챌 수 있을 것이라네. 누군가가 우리 집에 들어왔을 때, 가구가 아니라 우리가 더 훌륭하다고 생각할 수 있게 처신해야 하네. 질그릇을 은그릇처럼 사용하는 사람은 훌륭한 인물이네. 그러나 은그릇을 질그릇처럼 쓰는 사람 역시 그에 못지않게 훌륭하다네. 부유함을 견디지 못하는 것은 바로 마음이 나약하다는 증거

일세.

— 세네카, 『도덕서한집』 제5권 1~6편

☼

로마 제국 시대의 정치가·사상가·문학가로 네로 황제의 스승이기도 했던 루키우스 안나이우스 세네카(기원전4~65)는 스토아 철학자로 잘 알려져 있지만, 그의 글과 삶에는 견유학파와 통하는 면이 있다. 세네카는 견유학파의 정신을 상당 부분 공유했으며, 스토아 철학이라는 틀 안에서 보다 균형 잡힌 방식으로 그것을 표현했다. 세네카와 견유학파는 모두 자연에 따라 사는 삶을 중시하며, 욕망과 외적인 부를 경계하고 정신의 자유와 자기 통제를 중요한 덕목으로 삼았다. 또한 철학은 단순한 이론이 아니라 실천과 삶의 방식이어야 한다고 보는 관점과, 죽음을 두려워하지 않고 담담히 받아들이는 태도도 비슷했다.

세네카는 네로 황제의 고문으로 정치가로서 중요한 역할을 했지만, 결국 정치적 갈등을 빚어 비극적인 최후를 맞이했다. 세네카는 일상생활에서 직면하는 다양한 문제를 철학적으로 해결하는 방법을 제시하며 철학이 단순한 이론이 아니라 실질적인 삶의 변화를 끌어내는 도구임을 강조했다. 또한 세네카는 스토아 철학의 금욕주의를 실천하면서도, 현실적인 삶과 조화를 이루는 철학을 강조하였다. 세네카의 윤리적 가르침은 후대 그리스도교 사상가들에게 영향을 미쳤다고 받아들여지며, 테르툴리아누스는 세네카의 사상이 그리스도교 윤리와 유사하다고 평가했다. 세네카의 철학은 르네상스 시대와 계몽주의 시대에 중요한 역할을 했으며, 특히 인간의 이성·자기 수양·독립적 사고를 강조한 그의 사상은 현대 철학과 심리학에도 영향을 주었다.

세네카의 대표작 가운데 하나인 『도덕서한집』은 철학자이자 제자인 루킬리우스에게 보내는 편지 형식으로 쓰인 철학 서한 모음집이다. 총 124편의 서한으로 구성된 이 작품은 스토아 철학의 핵심 개념을 일상의 문제와 연결하여 설명하며, 어떻게 덕을 쌓고 평온한 삶을 살아갈 수 있는지를 다룬다. 세네카는 시간 관리, 감정 조절, 죽음에 대한 준비, 운명에 대한 태도 등 실천적인 조언을 통해 철학이 단순한 이론이 아니라 삶의 지침이 되어야 한다고 강조한다. 그의 문장은

명료하면서도 깊이 있는 성찰을 담고 있어, 고대뿐만 아니라 현대에도 많은 독자에게 철학적 통찰을 제공한다.

6

철학자의 모범, 내 친구 데메트리오스

견유주의자 데메트리오스는 내가 보기에 위대한 인물이며, 가장 위대한 철학자들과 비교해도 손색이 없다. 그는 늘 이런 중요한 말을 했다. "철학에서 많은 이론을 배웠으나 제대로 활용하지 못하는 것보다는, 몇 가지 핵심적인 가르침을 익혀 실천할 준비가 되어 있는 편이 더 유익하다." 데메트리오스는 이를 레슬링에 비유했다. "레슬링을 잘하는 사람은 수많은 기술을 익히고도 실전에서 거의 쓰지 않는 사람이 아니라, 몇 가지 기술을 철저히 연마하여 적절한 순간에 이를 활용할 줄 아는 사람이다. 결국 중요한 것은 얼마나 많은 기술을 아느냐가 아니라, 승리하기에 충분한 기술을 가지고 있느냐이다. 철학도 마찬가지다. 많은 주제가 흥미를 끌 수는 있지만, 실질적으로 우리를 승리로 이끄는 것은 몇 가지뿐이다."

(중략)

"모르는 것 혹은 쓸모없는 것을 건너뛴다고 해서 큰 손해를 보는 것은 아니다. '진리는 깊이 감춰져 있다.'* 하지만 그렇다고 해서 자연이 우리에게 인

---

* "사실상, 우리는 아무것도 모른다. 진리는 심연 속에 있기 때문이다"라는 데모크리토스의 말을 바꾸어 표현했다.

색하다고 불평할 수는 없다. 발견 자체가 목적이 되는 지식이라면, 그것은 아무 의미가 없기 때문이다. 자연은 우리가 더 나은 사람, 더 행복한 사람이 될 수 있도록 하는 것을 쉬이 눈에 띄도록 가까이에 두었다. 우리의 마음이 요행을 바라지 않는다면, 두려움을 극복하고 탐욕에서 비롯된 무한한 희망에 얽매이지 않고 스스로 우러나는 풍요로움을 찾을 줄 알게 된다면, 인간과 신을 무서워할 필요가 전혀 없다는 사실을 깨닫고 신과 인간에 대한 두려움을 떨쳐 버릴 수만 있다면, (우리를 괴롭히기도 하는) 삶의 모든 허식을 완전히 무시할 수만 있다면, 죽음을 수많은 불행의 근원이 아닌 끝으로 인식하는 경지에 이를 수 있다면, 덕을 최고의 가치로 삼고 덕이 부르는 곳이면 어디든 기꺼이 따라간다면, 공동선을 위해 태어난 사회적 존재로서 우주를 모든 존재의 집으로 받아들이며, 신 앞에서 양심을 투명하게 드러내고, 언제나 마치 모든 사람이 지켜보는 것처럼 살며, 타인의 평가보다 자존감을 더 중요하게 여긴다면, 그 마음은 마침내 폭풍우에서 벗어나 맑은 하늘 아래 단단한 땅을 밟게 될 것이며, 유용하고 필수적인 지식의 최고봉에 오를 것이다. 그 외의 모든 것은 한가로운 시간을 때우려는 놀이일 뿐이다. 마음이 이렇게 안전한 피난처에 도달하고 난 뒤라야 각자 타고난 능력을 다듬는 일을 추구할 수 있을 것이다. 설령 타고난 능력에서 아무런 힘을 얻지 못하더라도 말이다."

훌륭한 삶을 추구하는 사람들에게 데메트리오스는 다음과 같이 요구한다. 이 가르침을 단단히 붙잡고, 두 손으로 꽉 쥐고 절대 놓지 말라고. 나아가 이것을 자신의 일부로 삼고, 매일 명확한 의식 상태를 유지하여 이 가르침이 저절로 떠오를 수 있도록 하라고. 그렇게 해야 언제 어디서든 필요할 때 이 가르침을 즉시 활용할 수 있을 것이다. 무엇이 선한지, 무엇이 비열한지에 대한 중요한 구분도 자연스럽게 될 것이다. 비열함이 곧 악이요, 정직함이 곧 선이라는 것을 명심하라. 이 원칙을 인생 전반에 적용하라. 모든 상황에서 이 법칙에 따라 정확하게 행동하라. 제아무리 부유하다 할지라도 무위와 쾌락에 빠져 지내는 이들을 인간 중 가장 비참한 존재로 여겨야 한다.

그러므로 무엇보다 강하고 모든 점에서 자유롭고 명확한 현자의 마음을 고려할 때, 우리는 그가 모든 것을 소유하고 있다고 단언하지 않을 수 없다. 비록 세속적인 기준으로 평가하자면 재산이 거의 없는 하류층으로 분류될지라도 말이다. 그러나 한 사람의 가치를 평가하는 데 정신의 위대함으로 평가하는 것과 공식적인 재산 목록으로 평가하는 것은 차이가 크다.

(중략)

나는 소크라테스·크리시포스·제논 같은 인물들을 예로 들지 않겠다. 그들은 확실히 위대하며, 그 사실은 누구도 부정할 수 없다. 고대인들에 대한 칭찬에는 시기심이 개입할 여지가 없기 때문이다. 하지만 나는 바로 조금 전에 데메트리오스를 언급했다. 그는 우리 시대에 자연이 보내 준 사람이다. 우리가 그를 타락시킬 수도 없겠지만, 타락한 우리 역시 쉽사리 교정되지는 않을 것이다. 비록 본인은 부인할지 모르지만, 데메트리오스는 완전한 지혜를 갖추었으며, 자신이 주장하는 가르침을 철저히 실천한 사람이다. 그는 화려하게 꾸미거나 표현법에 신경 쓰기보다 아무리 어려운 쟁점이라도 그 문제의 주제에 적합하도록 영감이 이끄는 대로 대담하게 다룰 수 있는 웅변가였다. 신이 그에게 그런 삶과 말하는 능력을 부여한 것은 우리 시대에 본보기와 경고를 남기기 위해서였다고 믿는다.

만약 어떤 신이 타인에게 나누지 않는다는 조건으로 데메트리오스에게 우리의 모든 소유물을 넘겨주겠다고 한다면, 그는 다음과 같이 말하며 거절할 것이다. "제게 왜 이런 짐을 지우려 하십니까? 저는 이런 짐에 얽매일 수 없습니다. 그것은 결코 풀 수 없는 매듭과 같습니다. 게다가 속박에서 자유로운 존재인 제가 스스로 깊은 나락으로 떨어질 수는 없습니다. 왜 모든 인류의 고통을 제게 떠넘기려 하십니까? 설령 타인에게 주어 버릴 수 있다고 해도 그런 것들을 받을 수는 없습니다. 다른 이와 나누기에는 적절하지 않은 것들이 많다는 사실을 알기 때문입니다.

국가와 왕의 눈을 멀게 하는 것들이 무엇인지 직접 확인해 볼까요. 피와 영혼의 대가가 무엇인지 알아야겠습니다. 그러니 먼저 사치의 전리품을 하나 하나 뜯어볼까요. 일렬로 정돈해도 좋고, 차라리 한데 쏟아 놓아도 상관없습니다!

정교하고 화려한 무늬로 장식된 저 거북이들을 보십시오. 엄청난 돈을 들여 사들인 가장 흉측하고 느린 동물의 등껍질이지요. 그러나 처음부터 우리의 눈을 즐겁게 했던 그 자연스러운 색조는, 오히려 염료로 덧칠되어 마치 본래의 색인 양 꾸며진 것에 불과합니다!

그리고 저기, 나무로 만든 탁자가 보입니다. 그 값은 원로원이 되는 데 필요한 금액과 맞먹을 정도로 막대하지요. 심지어 나무가 뒤틀려 혹이 많을수록 탁자의 가격은 더욱 치솟는답니다! 깨지기 쉬울수록 값이 더 나가는 수정 장식품도 보입니다. 몽매한 사람은 물건이 손상될 위험이 클수록 더 큰 쾌락을 느낍니다. 마치 위험 자체가 쾌락을 막는 것이 아니라, 오히려 더 부추기는 듯하지요!

저기 형석으로 만들어진 잔도 있습니다. 사람들은 실컷 술을 마시고는 일부러 게워 내는 데 쓰는 잔조차도, 거대한 보석으로 장식하지 않으면 사치로 여기지 않는가 봅니다!

진주도 보이는군요. 단순히 한쪽 귀에 하나씩 끼우는 것이 아닙니다. 요즘은 귀가 무거운 장신구를 버티도록 훈련이라도 된 듯합니다. 한 쌍의 진주 위에 또 다른 진주가 얹혀 있습니다. 여자들의 광기로는 남자들을 충분히 놀라게 할 수 없었는지, 두세 번의 유산을 받아야 살 수 있을 만한 진주를 양쪽 귀에 걸어야만 만족하는가 봅니다.

 비단으로 만든 옷도 보이네요. 하지만 과연 이것을 '옷'이라고 부를 수 있을까요? 이 옷은 몸도, 품위도 지켜 주지 못합니다. 이런 옷을 입은 여자가 자신이 벌거벗지 않았다고 맹세하려 해도, 너무나 얇아서 믿을 수 없을 지경입니다! 이 옷들은 우리와 무역 관계조차 없는 낯선 민족들로부터 어마어마한 값을 치르고 산 것입니다. 결국, 우리의 아내들은 몰래 만나는 연인과 침실에 있을 때보다, 거리에서 더 많은 것을 드러내고 다니는 셈입니다!"

 "그리고 탐욕이여, 그대는 또 얼마나 많은 것들을 정복했는가! 탐욕이여, 방금 둘러본 사치품은 모두 엄청난 가치를 인정받고 있으며, 그 가격은 막대하다. 이제 그대의 재물을 살펴보려 한다. 금붙이와 은붙이, 그 조각들을 얻으려고 인간의 탐욕은 어둠 속을 더듬으며 헤맨다. 하지만 분명히, 자연은 우리에게 정말 필요한 것들을 내어 줄 때, 그것들이 위험한 물질이고 국가를 망칠 재앙이 될 것임을 알았던 듯하다. 그래서 땅속 깊이 묻어 감추고, 그 위에 무거운 흙을 덮어 놓았던 것이다. 금은처럼 땅속 깊은 곳에서 철이 채굴되는 것이 보인다. 이로 인해 우리는 서로를 죽일 도구와, 그 대가를 주고받을 수단이 넘쳐나게 되었다. 하지만 적어도 이것들은 실체가 있는 물질이다. 그런데 여기에 또 다른 것이 있다. 착시에 의해 인간의 정신을 미혹시키는 것들이다. 저기 등기 문서·차용증서·계약서가 보인다. 실체 없는 이미지이며 탐욕의 덧없는 환영이다. 그것들은 허황된 사람의 마음을 현혹하고, 탐욕이 새로운 속임수를 꾸미게 한다. 하지만 생각해 보라. '이익' '장부' '이자'라는 것이 무엇인가? 자연의 한계를 넘어선 인간의 탐욕이 만들어 낸 허상일 뿐이다."

"나는 자연이 금과 은을 더 깊이 묻어 두지 않은 것이 불만스럽다. 좀 더 흙을 두둑이 덮어 누구도 꺼낼 수 없도록 해야 했다. 하지만 도대체 저 장부와 서류는 무엇인가? 고혈을 짜내는 10퍼센트의 이자와 시간을 돈으로 거래하는 문서들이다! 결국 이러한 것은 우리 자신의 선택과 성향에서 비롯된 재앙일 뿐이다. 손으로 잡을 수도, 눈으로 직접 볼 수도 없는 탐욕의 헛된 꿈일 뿐이다!

자신의 영지를 기록한 장부를 보며 기쁨을 느낀다면, 얼마나 비참한 인생인가! 끝없이 넓은 땅을 소유하고, 온 나라의 백성보다 더 많은 노예를 부리며, 사유지가 도시만큼이나 광활하다고 해서 그게 기쁨이 될 수 있을까? 이런 것들이 만족의 기준이 된다니, 얼마나 비참한 일인가! 사람이 소유물을 세어 보며 부를 자랑한다고 해도, 여전히 채우지 못한 욕망을 따져 보면 결국 빈털터리일 뿐이다."

"신이시여, 인제 그만 저를 놓아 주어 원래의 제 재물로 돌려보내 주소서. 저는 훌륭하고 안전한 지혜의 왕국을 잘 알고 있습니다. 제가 만물을 소유하는 방식은 결국 만물이 모두의 것이 되게 하는 데 있습니다."

그리하여 가이우스 칼리굴라 황제가 20만 세스

테르티우스를 하사하려고 했을 때, 데메트리오스는 크게 웃으며 거절했다. 그 정도는 거절했다고 자랑할 가치조차 없는 금액이라고 생각했기 때문이다. 맙소사, 데메트리오스를 영예롭게 하려 했든, 타락시키려 했든 칼리굴라의 생각은 얼마나 보잘것없었던가! 나는 이 위대한 인물에 대해 증언하지 않을 수 없다. 자신을 거금으로 매수할 수 있다고 생각한 황제의 광기에 놀라 데메트리오스는 다음과 같이 단호하게 내뱉었다. "나를 회유할 작정이었다면 온 제국을 내걸고 시험했어야 한다."

— 세네카, 『자선론』 제7권 1~2장, 8~11장

※

세네카의 저작에서 자주 언급되는 데메트리오스는 1세기 견유학파 철학자였다. 세네카는 그를 '진정한 철학자의 모범'이라고 칭하며 깊은 존경을 표했다. 데메트리오스는 물질적 풍요와 사회적 지위를 거부하고, 최소한의 필요만을 충족하며 사치와 욕망을 멀리하는 단순한 삶을 살았다. 권력자들을 향해서도 비판적인 목소리를 냈으므로 세네카는 그를 로마 사회에서 타락하지 않은 드문 인물로 평가했다. 데메트리오스는 부패한 사회를 신랄하게 비판하면서도, 분노하거나 절망하지 않고 평정심을 유지하는 자세를 보였다. 세네카는 로마 귀족 출신이었지만, 『도덕서한집』『행복론』『은혜론』등 여러 저작에서 데메트리오스를 언급하며 그를 도덕적 귀감으로 삼았다. 그는 선행을 베풀되 보답을 기대하지 않으며 정신이 자유롭고 어떤 권력에도 얽매이지 않는 진정한 철학자라며 데메트리오스를 스토아적 이상을 실현한 인물로 보았다. 데메트리오스는 정치적 영향력은 없었지만, 실천적 철학자로서 세네카를 비롯한 당대 철학자들에게 깊은 영감을 주었다.

『자선론』은 자선과 감사의 본질, 주고받는 행위의 도덕적 의미를 논한 철학적 에세이로, 총 7권으로 구성되어 있다. 세네카는 이 책에서 자선을 베풀 때의 올바른 태도, 시혜를 받는 사람의 책임, 사회적 유대 속에서의 자선의 역할을 설명하며, 인간관계에서 베풂과 감사의 중요성을 강조한다. 특히 마지막 권인 제7권에서는 자선의 본질, 자선의 남용과 악용, 감사와 배은망덕 등 자선과 감사의 문제를 여러 측면에서 다루고 있다. 결론적으로 자선은 인간 사회를 유지하는 중요한 요소이며, 주는 사람의 도덕적 책임이 더 중요하지만 상대의 성품과 상황을 고려하여 신중하게 베푸는 것이 바람직하다고 주장한다. 이를 통해 선행의 가치와 도덕적 태도를 강조하며, 베푸는 행위 자체는 고결한 삶의 일부라는 것을 보여 준다.

7

너 자신을 알라

나 율리아누스는 견유주의 철학을 따르고자 하는 이들이 신중하게 고민할 수 있도록, 스승들에게 배운 바를 공개적으로 설명하고자 한다.

만약 견유학파 철학자들이 단순한 장난이 아니라 진지한 의도에서 저작을 남겼다면, 나를 비판하려는 사람은 나의 견해를 반박하기 위해 그 저작들을 참고해야 할 것이다. 그리고 내 견해가 고대의 가르침과 일치한다면, 거짓된 증거로 나를 비난해서는 안 된다. 반대로 내 견해가 그 가르침과 다르다면, 아테네 사람들이 메트로온*에서 위조된 문서를 삭제했듯이, 내 견해를 고려 대상에서 제외시키면 될 것이다. 그러나 앞서 말했듯이, 그러한 상황은 일어나지 않을 것이다. 세간에 전해지는 디오게네스의 비극 작품들조차 실제로는 아이기나 출신의 필리스코스라는 사람이 썼다고 한다.† 그러나 설령 디오게네스가 비극을 썼다고 해도, 현자가 농담을 던지는

---

* 키벨레와 데메테르 등 고대 그리스 대모신에게 바쳐진 사원. 아고라 서쪽 면에 있었고, 아테네의 공식 기록을 보관하는 공공 기능을 수행했다.

† 이 작품은 소실되었지만 아마 유사 비극 또는 풍자극이었던 것으로 추정된다.

것이 전혀 이상한 일은 아니다. 실제로 많은 철학자가 농담을 즐겼다. 특히 원자론을 주장한 데모크리토스는 자신의 농담을 사람들이 진지하게 받아들이는 것을 보고 자주 웃음을 터뜨리곤 했다고 한다.

이와 관련하여 나는 플라톤이 『향연』에서 알키비아데스의 입을 빌려 소크라테스를 찬양했던 유명한 말들을 인용하겠다.‡ 단언컨대 견유학파의 철학이 마치 조각상 가게에 진열된 실레노스의 조각상들과 같다고 보기 때문이다. 장인들은 실레노스를 팬파이프나 피리를 들고 있는 우스꽝스러운 모습으로 만들었지만, 내부를 열어 보면 그 안에 신들의 형상이 들어 있다.

보다 정통적인 견유학파 철학자들은 위대한 헤라

---

‡ 『향연』 속에서 알키비아데스는 소크라테스를 실레노스 조각상에 비유했다. "소크라테스는 실레노스상처럼 생겼다. 겉보기에는 우스꽝스럽고 괴상하며, 말도 안 되는 것 같지만, 그 속을 열어 보면 신성한 조각상들이 들어 있다." 고대에 보석과 진귀한 물건들을 넣어 두는 상자로도 쓰인 실레노스 조각상은 겉은 우스꽝스럽고 흉측한 모습이지만, 속에는 아름답고 신성한 신의 형상이 들어 있었다. 알키비아데스는 소크라테스가 겉으로는 평범하고 볼품없을지라도, 그 내면은 지혜와 고귀한 진리로 가득 차 있다는 점을 말하고자 했다.

클레스가 견유주의적 삶의 본보기를 남겼다고 말한다. 마치 그가 인류에게 많은 이로운 일을 베풀었듯이 말이다. 나 또한 신들과 신적인 존재가 된 이들에 대해 경건한 태도로 말하고 싶지만, 헤라클레스 이전에도 이 철학을 따르는 이들이 존재했다고 확신한다. 그것도 그리스인들뿐만 아니라 비(非)그리스인들 사이에서도 말이다. 견유주의 철학은 어쩌면 가장 보편적이며 자연스러운 철학으로, 특별한 학문적 연구 없이도 실천할 수 있기 때문이다. 그저 덕을 사랑하고, 악을 멀리하며 살아가는 신중한 삶을 선택하는 것으로도 충분하다. 수많은 책을 탐독할 필요가 없다. 속담이 잘 설명하듯이 "많이 배운다고 해서 지혜가 생기진 않는다." 또한 다른 철학 학파처럼 특정한 경험을 쌓을 필요도 없다. 오히려 아폴론 신으로부터 받은 두 가지 가르침, '너 자신을 알라'와 '관습을 타파하라'를 따르는 것으로 충분하다. 이런 의미에서 견유주의 철학의 창시자는 사실상 델포이의 신 아폴론인 것이 분명하다. 아폴론이야말로 그리스인들이 누리는 모든 좋은 것을 책임지는 신이 아니던가. 아폴론은 그리스의 공동 통치자이자 입법가이며 왕이기도 하다. 그러니 사소한 것조차 간과하지 않는 그가 디오게네스를 자신의 사명을 수행할 적임자로 선택했다는 사실 역시 명백할 것이다. 아폴론은 다른 사람들에게는 말로 하는 조언, 즉 신탁을 주었지만, 디오게네스에게는 상징적으로 '타파'와 '관습'이라는 두 단어로 의지를 행동으로 옮기도록 가르쳤다. 물론 '너 자신을 알라'라는 말은 디오게네스뿐만 아니라 다른 사람에게도 들려준 신탁이며, 지금도 델포이 신전에 새겨져 있다.

그래서 우리는 이 철학의 창시자를 찾았고, 신비주의 철학가 이암블리코스*도 어딘가에서 이를 언급한 바 있다. 우리는 또한 이 철학의 주요 실천자들이었던 안티스테네스·디오게네스·크라테스 등을 발견했다. 이들은 자신에 대해 알고, 헛된 의견을 배척했으며, 온 마음을 다해 진리를 추구하길 원

---

* 그리스 신플라톤학파의 한 분파를 세운 철학자. 플로티노스의 관상(觀想)을 더욱 발전시켜 인간의 영성 개현이 그대로 신의 업이 되는 방법을 일종의 전례 마술로서 확립하였다. 신플라톤주의를 마술화했다고 비난받는데, 그리스 철학과 동방 신비주의의 실천 형태를 결부시킨 공적이 크다.

했다. 신에게나 인간에게나 진리는 모든 선의 원천이기 때문이다. 나는 플라톤·피타고라스·소크라테스·소요학파(아리스토텔레스학파)·스토아학파의 창시자 제논 모두가 진리를 위해 모든 고난을 견뎌 냈다고 생각한다. 그들은 모두 자신을 알고, 헛된 견해를 따르지 않고, 존재하는 것들의 진리를 찾고자 했다.

플라톤과 디오게네스가 추구한 것이 다르지 않고 같은 목적을 지녔다면, 누군가 플라톤에게 "당신은 '너 자신을 알라'라는 말의 가치를 어떻게 생각합니까?"라고 묻는다면, 그는 "그것은 모든 것을 능가한다"라고 대답할 것이다. 실제로 플라톤은 저작 『알키비아데스』에서 정확히 그렇게 말했다. 그러니 이번에는, 신들의 후손인 거룩한 플라톤에게 "대중의 견해에 대해 어떠한 태도를 취해야 하는가?"라는 두 번째 질문을 던져 본다면 어떨까? 그는 아마도 대화편 『크리톤』에서 소크라테스가 한 말*을

---

* 크리톤이 자신의 재정 수단을 활용하여 스승인 소크라테스가 감옥에서 나올 수 있도록 돕지 않는다면 사람들이 자신에 대해 어찌 생각하겠느냐며 우려한 데 대한 소크라테스의 답변이다.

반복하며 대중의 견해에는 신경 쓰지 말라고 권할 것이다. 실제로 소크라테스는 이렇게 말했다. "사랑하는 크리톤이여, 우리에게 대중의 의견이 무슨 상관이 있겠는가?" 그렇다면 우리는 이런 유사점들을 간과한 채, 진리를 향한 사랑과 헛된 의견을 무시하는 자세 그리고 덕을 향한 열정을 공유하는 철학자들을 서로 분리해 살펴야 한단 말인가? 플라톤이 말을 통해 문제를 해결하려고 한 반면, 디오게네스는 행동으로 충분하다고 생각했는데, 그가 이런 이유로 부당한 평가를 받아야 하는가? 오히려 행동이야말로 더 우월한 방식이 아닐까? 왜냐하면 플라톤조차도 다음과 같이 말하며 절필을 선언하지 않았던가? "플라톤이 쓴 글은 없으며, 앞으로도 없을 것이다. 지금 떠도는 글들은 모두 소크라테스의 것이다. 그는 젊고 아름다운 모습으로 다시 태어났다."†

---

† 의미가 모호한 이 발언은 율리아누스가 정확히 인용하지도 않았지만, 아마도 플라톤은 저자로서 자신의 역할이 스승 소크라테스의 철학과 사상을 전하는 데 있다고 생각한 듯하다. 소크라테스는 작품은 하나도 남기지 않았지만 플라톤이 남긴 저작들을 통해 제자들과 주고받은 대화들이 영구히 전해진다. 플라톤은 『서간집』 7편에서 글쓰기가 말로 하는 담론보다 못하다고

그렇다면 우리 역시 디오게네스의 행동을 근거로 견유주의의 본질을 탐구해야 하지 않겠는가?

　물론, 소크라테스를 비롯한 많은 철학자가 다양한 이론을 전개했다. 하지만 그들의 이론은 실천을 위한 것이었다. 그들은 마음과 몸의 역할을 정확히 구분하면 곧 자기 자신을 알 수 있다고 생각했다. 당연하게도 마음이 주도적인 역할을 하고, 몸은 그에 따르는 것이 옳다고 보았다. 그래서 그들은 덕·절제·평정심·자유와 같은 가치에 집중했고, 질투나 비겁함, 미신과 같은 것을 멀리했다. 그러나 우리는 그들을 제대로 이해하지 못하고 있다. 우리는 그들이 몸을 등한시한 것을 두고 마치 장난처럼 여겼으며, 소크라테스가 "철학이란 죽음을 준비하는 것이다"라고 말했을 때도 이를 진지한 성찰이 아니라 단순한 농담쯤으로 받아들였다. 물론 견유학파 철학자들은 이를 매일 실천했다고들 하지만, 그렇다고 해서 우리가 그들을 그대로 따라야 하는 것은 아니다. 사실 그들 중 일부는 정말로 괴팍하고 어리

　여기는 이유를 자세히 설명했다.

섞어 보이기도 한다. 그렇다면 그들은 왜 그토록 고된 삶을 감내했을까? 그것이 단순한 허영심 때문이었다고 말하는 것은 옳지 않다. 날고기를 먹으며 타인의 찬사를 기대할 리가 있겠는가? 그런 행위가 지금 여러분의 인정을 받지도 못하는 마당에 말이다. 그런데도 여러분은 낡은 망토를 걸치고 머리를 기른다고 해서 사람들이 여러분을 높이 평가할 것으로 생각하는가? 예전에도 견유학파 철학자 한두 명을 칭찬하는 사람이 있긴 했지만, 반대로 수많은 사람이 그들을 보고 헛구역질이 올라와 속이 뒤집혔으며, 결국 하인들이 향수나 과자·몰약 등을 이용해 그들의 속을 달래야 할 정도였다. 우리가 영웅처럼 우러르는 견유학파는 이런 식의 터무니없는 행동으로 '요즘 세상 사람들'에게 충격을 주었다.

그런데도 신의 이름을 걸고 맹세컨대, 디오게네스의 입장에서 본다면 그것은 결코 천박한 행위가 아니었다. 소크라테스가 신탁을 받은 후 자신의 철학적 탐구를 신의 뜻을 따르는 행위로 여겼듯이, 디오게네스도 자신의 철학을 신탁의 명령으로 받아들였고, 행동을 통해 모든 것을 꼼꼼히 따져 물으며 남들의 의견에 휘둘리지 않으려 했다. 설령 피타고라스 같은 위대한 인물이 말했거나 혹은 누군가가 피타고라스에 대해 근엄하게 말했더라도, 디오게네스는 그것이 반드시 진실이라고 여기지 않았다. 자기 철학의 창시자는 인간이 아니라 델포이에 있는 아폴론 신이라고 확신했기 때문이다.

사실 견유학파 철학의 목표, 더 나아가 모든 철학의 목표는 결국 행복에 이르는 것이다. 그러나 견유학파는 대중의 평가에 휘둘리지 않고 자연에 따라 사는 것에서 행복을 찾는다. 식물과 동물도 본래의 목적을 방해받지 않고 자연스럽게 살아갈 때 가장 잘 성장한다. 사실 신들도 마찬가지로 본연의 상태에서 자율적으로 존재할 때 행복하다. 그렇다면 인간도 마찬가지로 행복을 외부에서 찾으려 애쓸 것이 아니라 자신의 내면에서 발견해야 하지 않을까? 독수리도, 플라타너스도, 다른 어떤 동식물도 황금으로 된 날개나 은으로 된 잎사귀, 강철로 된 가시를 원하지 않는다. 그들은 자연이 처음부터 자신들에게 부여한 것에 충분히 만족하며, 그것이 속도나 보호에 도움이 되는 한 번성하고 있다고 스스로 여긴다. 그런데 인간만이 주어진 것에 만족하지 못하고, 부와 신분, 권력 있는 친구들과 같은 외부 요소를 최고의 가치로 여기니 어리석지 않은가? 만약 자연이 우리에게 다른 동물과 같은 신체와 영혼만을 주어, 단순한 생존만이 우리의 목적이었다면, 우리도 다른 동물처럼 육체적인 이점을 추구하며 살아가는 것이 당연했을 것이다. 하지만 우리에게 주어진 영혼은 다른 동물의 그것과는 전혀 다르다. 그것이 근본적으로 다른 존재인지, 아니면 단순히 더 뛰어나게 기능하는 것인지에 대한 논쟁은 있을 수 있다. 어떤 학자는 순수한 금이 모래와 섞인 금보다 더 가치 있는 것과 마찬가지로 인간의 영혼이 다른 동물보다 우월하다고 주장한다. 어찌 되었든 우리는 다른 동물보다 훨씬 더 큰 지적 능력을 갖추고 있음을 분명히 인식하고 있다. 프로타고라스가 전하는 신화에 따르면, 자연은 처음에 동물들에게 후하게 선물을 베풀었다. 하지만 제우스는 인간에게 그 모든 것에 대한 보상으로 이성을 주었다. 그러므로 우리의 행복은 결국 가장 강력하고 중요한 요소인 이성 속에 존재해야 한다.

그러면 디오게네스가 이러한 신념을 가진 사람이었는지 다시 한번 생각해 보라. 그는 자기 몸을 스스로 단련하여 원래의 한계를 뛰어넘어 더욱 강해졌고, 오직 이성만을 기준으로 행동을 결정했다. 또한 육체가 영혼을 괴롭히는 온갖 불편함과 요구에 전혀 신경 쓰지 않았다. 이러한 훈련 덕분에 그는 올림픽에서 월계관을 놓고 겨루는 어떤 운동선수보다도 더 강인한 신체를 지녔으며, 정신적으로도 행복하고 왕처럼 당당하게 살았다. 아니, 어쩌면 페르시아 왕(그 당시 그리스인들이 '대왕'이라 부른 바로 그 왕)보다도 더 행복했을지 모른다. 디오게네스가 '도시에서 쫓겨나, 집도 없이, 나라 없이 떠돌며 돈 한푼 없이 노예도 없이' 입에 풀칠할 빵조차 없이 지냈다고 해서 그를 하찮게 여기는가? (하지만 에피쿠로스는 '빵만 있다면 신들의 행복에 뒤지지 않는다'고 하지 않았던가.) 디오게네스는 신과 겨루려 하진 않았지만, 누구보다 행복하게 살았고, 스스로 누구보다 행복하다고 공언했다. 혹시 믿지 못하겠다면, 말로 따지지 말고 직접 그의 삶을 실천해 보라. 그러면 스스로 깨닫게 될 것이다.

다시 말하지만, 견유학파의 삶을 따르려는 사람은 누구나 자신을 철저히 점검하고, 캐물으며, 허황된 자부심에 빠지지 않아야 한다. 다음과 같은 것들을 가차 없이 스스로에게 물어야 한다. 나는 비싼 음식을 즐기는가? 부드러운 침대가 꼭 있어야 하는가? 명예와 평판에 집착하는가? 사람들의 시선을 끌고 싶어 하며, 실속 없는 명예를 가치 있다고 여기는가? 견유학파를 지향하는 사람이라면 대중의 안일함에 휩쓸려선 안 된다. 사치스러운 것들을 조금이라도 맛보려 해서는 안 되며, 그것을 완전히 짓밟고 나서야 비로소 그럴 여지가 있으면 누릴 수도 있다. 들은 바에 따르면, 약한 황소는 한동안 무리를 떠나 풀밭에서 조용히 기력을 회복한 후, 충분히 강해졌다는 생각이 든 순간 무리로 돌아가 선두를 차지하려 강한 황소들에게 도전장을 내민다고 한다. 그러니 견유학파가 되고 싶다고 해서 단순히 망토를 걸치고, 자루를 메고, 지팡이를 들며, 머리를 기르고 수염을 기르는 것만으로는 충분하지 않다. 이성이 아닌 지팡이, 삶의 방식이 아닌 소지품을 견유학파의 상징으로 삼아서는 안 된다.

그리고 디오게네스가 매춘부를 가끔 찾았다는 이야기가 있지만, 이는 어쩌다 한 번 그랬거나, 아니면 아예 없었던 일일 수도 있다. 만약 다른 모든 면에서 디오게네스에 진심인 누군가가 그런 행동을 하기로 결심했다면, 우리는 그를 비난하거나 탓하지 않을 것이다. 단, 그가 디오게네스의 기지와 재치, 자유로움, 자족심, 정의로움, 절제, 통찰력, 감사하는 태도 그리고 무의미한 행동을 삼가려는 신중함을 이미 보인 사람이라면 말이다. 그가 위선을 짓밟고, 남들이 어둠 속에서 감추려 드는 자연스러운 생리적 행위를 거리낌 없이 할 수 있다면*, 우리는 그것을 탓할 이유가 없다. 반면, 세상 사람들은 거리와 시장에서 도둑질, 아첨, 부당한 소송, 온갖 부정한 일들을 서슴지 않고 저지른다. 디오게네스가 시장 한복판에서 방귀를 뀌거나 용변을 보는 등의 행위를 했다는 이야기가 전해지지만, 그것은 그런 위선적인 사람들을 조롱하고 그들이 오히려 더 비열한 짓을 저지르고 있음을 깨닫게 하기 위함이

---

* 사람들이 있는 데서 대변을 보고 자위를 하던 디오게네스의 행위를 완곡하고 간결하게 표현했다.

었다. 그의 행동은 누구에게나 자연스러운 일이었지만, 사람들이 하는 짓은 본성에 어긋난 일이었다.

그런데도 요즘 디오게네스를 흉내 낸다는 자들은 가장 쉬운 길만 택하며, 정작 올바른 길은 알아보지 못하고 있다. 여러분 역시 옛 견유학파 철학자들보다 더 높은 평가를 받고 싶어 하면서, 정작 디오게네스의 삶과는 동떨어진 길을 가고 있다. 심지어 그를 불쌍히 여길 정도라니! 내가 전한 이야기가 믿기지 않는다면, 한 가지 제안을 하겠다. 디오게네스를 직접 연구해 보라. 플라톤과 아리스토텔레스 시대에 살았던 그를, 소크라테스와 피타고라스에 필적하는 철학자로 존경했던 그리스인들이 과연 어리석었을까? 제논의 스승을 가르쳤던 그를 단순한 괴짜로 치부하는 것은 어리석은 일이다. 디오게네스의 강인함과 고난을 받아들이는 태도는 왕의 기개에 못지않았다. 그는 항아리에 지푸라기를 깔고 자면서도, 페르시아 왕이 금박 천장 아래 비단 침상에서 자는 것보다 더 편안하게 잠들었다. 거친 빵 한 조각을 더 맛있게 먹었고, 차가운 물에 목욕한 뒤 햇볕에 몸을 말리면서도, 비단 수건으로 몸을 닦는 여러분보다 더 만족스러워했다. 그런데도 여러분은 디오게네스를 조롱할 자격이 있다고 생각하는가? 마치 테미스토클레스가 크세르크세스를 물리치거나, 알렉산드로스가 다리우스를 격파하기라도 한 것처럼 우쭐거린단 말인가? 만약 여러분이 책을 읽는 데 조금이라도 관심을 가졌더라면, 알렉산드로스 대왕이 디오게네스의 유유자적을 얼마나 존경했는지 알았을 것이다. 그러나 여러분은 책을 탐독할 열정조차 없지 않은가.

그러니 내 담화가 무언가 의미 있는 결과를 낳았다면, 그것은 여러분에게 더 큰 이익이 될 것이다. 반면 내가 단지 말만 길게 늘어놓으며 헛된 시간을 보냈다면, 여러분은 여전히 자신의 기존 생각을 고수하면 될 일이다. 이 글이 이틀 동안의 여가를 활용해 작성한 것임은 뮤즈도 잘 알고 있으며, 무엇보다 여러분이 잘 알 것이다. 그러나 나는 디오게네스에게 마땅한 존경을 표한 것에 대해 조금도 후회하지 않는다.

— 율리아누스, 『연설집』 6편 '무식한
견유주의자들에게' 요약

☼

 율리아누스 황제는 로마 제국의 황제로, 361년부터 363년까지 통치했다. 콘스탄티누스 대제의 조카로, 어린 시절 그리스도교 교육을 받았으나, 성인이 된 뒤 전통적인 로마 다신교로 회귀하여 '배교자 율리아누스'라는 별칭을 얻었다.

 율리아누스는 철학과 문학에 조예가 깊었으며, 특히 신플라톤주의에 영향을 받아 그리스도교 대신 헬레니즘 전통을 부흥시키려 했다. 그리스도교 성직자들에게 특권을 부여했던 정책을 폐지하고, 로마 다신교 신전과 전통적인 종교의식을 부활시키는 등 적극적인 종교 개혁을 시도했다. 정치적으로는 행정 개혁과 조세 제도의 개선을 추진했으며, 군사적으로는 페르시아 원정을 단행했지만 363년 전투 중 부상을 입고 사망했다. 그의 갑작스러운 죽음으로 인해 로마 제국의 다신교 부흥 정책은 실패로 돌아갔고, 이후 그리스도교가 제국의 확고한 중심으로 자리 잡게 되었다.

 율리아누스 황제의 『연설집』 6편 '무식한 견유주의자들에게'는 견유학파 철학자들 가운데 일부를 비판하는 내용을 담고 있다. 율리아누스는 본래 견유학파의 이상인 단순하고 검소한 삶과 정신적 수양을 중시했으나, 당시 일부 철학자들이 본래 정신을 잃고 방탕하고 무례한 태도를 보이는 것을 강하게 비판했다. 연설에서 그는 진정한 철학자는 겉모습이 아니라 정신적 고결함과 자기 절제에 집중해야 한다고 강조했다. 하지만 일부 견유학파 철학자들은 거친 옷차림, 헝클어진 머리·맨발 등 남들과 다른 외형만을 내세우며, 지적 수양 없이 오만하고 무례한 태도를 보였다. 율리아누스는 이들이 진정한 철학자의 길을 따르지 않고, 단순히 남들과 다르다는 점만을 강조하며 허영과 교만에 빠져 있다고 보았다. 그는 철학적 전통 속에서 올바른 삶을 실천하는 것이 중요하며, 단순한 외적 행동만으로는 철학자의 가치를 증명할 수 없다고 주장했다. 또한 이러한 '무식한 견유주의자들'이야말로 자신의 철학적 입장을 정당화하고자 감정과 본능에 따라 행동하므로 결과적으로 사회적 혼란을 초래한다고 비판했다.

8

인도로 가는 길

오네시크리토스는 알렉산드로스 대왕의 명을 받아 직접 이 인도 철학자들을 만나러 갔다고 전해진다. 나체로 생활하며 자기 수련을 실천하고, 최고의 존경을 받는 사람들이 있다는 소문을 알렉산드로스가 들었기 때문이다. 그러나 그들은 누가 부른다고 해서 오려고 하지 않았다. 오히려 관심이 있다면 직접 찾아와 자신들의 토론과 수행에 동참하라고 했다. 그들의 조건이 이러했으므로, 알렉산드로스는 자신이 직접 방문하는 것도, 조상 대대로 내려온 그들의 오랜 관습을 억지로 깨는 것도 적절하지 않다고 생각하여 대신 오네시크리토스를 보냈다.

오네시크리토스는 도시에서 4백여 미터 떨어진 곳에서 열다섯 명의 수행자를 만났다. 각자 자신만의 자세로 서 있거나, 앉아 있거나 혹은 벌거벗은 채 누워 있었는데, 해가 질 때까지 꼼짝도 하지 않고 있다가 저녁이 되면 도성으로 돌아갔다고 한다. 당시 태양은 무척 뜨겁고 견디기 힘들어 정오 무렵에는 맨발로 땅을 디딜 수 없을 정도였다고 한다.

오네시크리토스는 수행자 중 한 명인 칼라누스와 대화를 나누었다. 그는 훗날 알렉산드로스를 따라 페르시아까지 갔으며, 전통 화장법에 따라 장작더미 위에서 스스로 생을 마감했다. 오네시크리토스가 처음 그를 만났을 때, 그는 돌 위에 누워 있었다. 오네시크리토스는 다가가 인사를 건넨 뒤 알렉산드로스의 명으로 그들의 지혜에 대해 듣고 보고하는 임무를 맡아 찾아왔으니 거부감이 없다면 그의 이야기를 듣고 싶다고 말했다. 그러나 칼라누스는 오네시크리토스가 착용하고 있던 망토와 커다란 모자, 높은 장화를 흘긋 보더니 빙그레 웃으며 말했다. "옛날에는 온 세상이 보리와 밀로 가득 찼소. 그런데 지금은 온통 먼지뿐이오. 옛날엔 샘에서 물이 솟고, 꿀과 젖이 흐르며, 포도주와 올리브기름도 넘쳐 났소. 하지만 사람들이 탐욕과 사치로 오만해지자, 이를 역겨워한 제우스가 그 모든 풍요를 없애고 사람들을 고된 삶으로 내몰았소. 하지만 절제와 다른 미덕들이 중요해지면서 좋은 것들이 다시 돌아왔소. 그런데 또다시 탐욕과 오만이 세상을 위협하고 있소. 만약 이대로 가면 모든 것이 다시 사라질 수도 있소." 말을 마친 칼라누스는 오네시크리토스에게 더 듣고 싶다면, 옷을 벗고 자신과 같이 돌 위에 누워 대화를 이어 가자고 했다.

오네시크리토스는 어찌할 바를 몰랐지만, 수행자 무리 중 가장 나이가 많고 지혜로운 만다니스가 칼라누스를 나무랐다. 특히 조금 전 오만함을 비판해 놓고, 정작 칼라누스 본인은 더 오만하게 행동한다고 지적했다. 그러고는 오네시크리토스를 자기 쪽으로 불러 알렉산드로스를 칭찬했다. 그렇게 광대한 제국을 다스리면서도 지혜를 갈구하다니, 그는 자신이 본 유일한 '전사 철학자'라고 말했다. 그러면서 세상을 위해 가장 유익한 것은, 그런 정신을 가진 권력자들이 기꺼이 따르려는 이들은 설득을 통해, 반항하는 자들은 강제적으로라도 절제의 삶을 살게 하는 것이라고 덧붙였다. 그리고 자신이 제대로 된 가르침을 전하지 못하더라도 이해해 달라고 했다. 그는 세 명의 통역을 거쳐 말을 전해야 했는데, 이들은 단순히 언어만 알고 있을 뿐 철학적 이해는 보통 사람과 다를 바 없었기 때문이었다. 그는 그 상황을 "진흙탕을 통해 깨끗한 물을 흐르게 하려는 것과 같다"라고 표현했다.

만다니스가 한 말의 요점은, 최고의 가르침이란

영혼을 쾌락과 고통에서 해방시키는 것을 목표로 해야 한다는 점이었다. 그리고 고통과 고난은 서로 다른 것이라고 했다. 하나는 해로운 것이지만, 다른 하나는 친구처럼 이롭다고 보았다. 그는 자신들이 육체적 고난을 견디는 훈련을 하는 이유는 지성을 단련하기 위해서이며, 이를 통해 논쟁을 더 잘 해결하고 공적·사적 문제 모두에서 좋은 조언자가 될 수 있다고 설명했다. 실제로 그는 얼마 전에도 탁실레스*에게 알렉산드로스를 환영하라고 조언했다고 말했다. 만약 그가 자신보다 나은 사람을 맞이하는 것이라면 좋은 대접을 받을 테고, 자신보다 못한 사람을 맞이하는 것이라면 그를 더 나은 사람으로 만들 기회가 될 수도 있기 때문이었다.

만다니스는 그리스인 중에도 이러한 가르침을 따

---

* 알렉산드로스 대왕의 원정 당시 펀자브 지방 인더스강과 젤룸강 사이의 지역을 다스린 통치자. 원래 이름은 암비였으나 그리스인들은 그 지역의 도시인 탁실라의 이름을 따서 탁실레스라고 부른 것으로 전해진다. 탁실레스는 탁실라에서 알렉산드로스를 환대했고, 자신의 모든 군대를 알렉산드로스에게 맡기며 귀중한 선물을 건넸다. 또한 알렉산드로스 군대가 인더스강에 다리를 건설하는 것을 돕고 군대에 식량을 공급했다.

르는 사람이 있는지 물었다. 오네시크리토스는 피타고라스가 비슷한 사상을 가르쳤으며, 특히 육식을 하지 말 것을 강조했다고 말했다. 또한 소크라테스의 철학도 비슷했고, 자신의 스승인 디오게네스도 마찬가지였다고 알려 주었다. 이에 만다니스는 그리스인들이 전반적으로는 현명한 것 같지만, 자연보다 관습을 우선시하는 점은 잘못되었다고 대답했다. 그렇지 않다면, 왜 그들은 자신들과 달리 옷을 입으며, 검소한 생활을 부끄러워하겠느냐는 것이었다. 그는 심지어 주거의 경우에도 유지 보수가 적은 집이 가장 좋은 집이라고 강조했다.

오네시크리토스에 따르면 나체 수행자는 징조·비·가뭄·질병과 같은 자연 현상도 연구했다고 한다. 그들은 도시로 돌아오면 시장 곳곳으로 흩어져, 포도나 무화과를 들고 가는 사람을 만나면 그것을 조금 시주받는다. 만약 기름을 가지고 있는 사람을 만나면 그것을 나누어 받아 몸에 바른다. 그들은 부유한 가정에도 자유롭게 출입할 수 있고, 심지어 여성들의 거처에도 들어가 함께 식사하고 토론한다. 그들은 신체의 병을 가장 큰 수치로 여긴다. 만약 병에 걸렸다고 생각하면, 스스로 불 속으로 뛰어들어 생을 마감한다. 그들은 장작더미를 쌓고, 몸에 기름을 바른 후, 그 위에 앉아 장작에 불을 붙이라고 명령하며, 아무런 동요 없이 타오르는 불길 속에서 최후를 맞이한다고 한다.

— 스트라본, 『지리학』 제15권 63~65장

※

고대 그리스의 역사학자·지리학자·철학자인 스트라본은 로마 제국 시기에 활동하며, 헬레니즘과 로마의 지리학을 집대성한 인물로 평가받는다. 그는 자신의 여행 경험과 다양한 문헌을 바탕으로 당시 알려진 세계에 대해 정리한 『지리학』을 저술했다. 총 17권으로 이루어진 방대한 이 작품은 고대 세계의 지리·민족·문화·역사 등을 기록한 중요한 문헌이다. 그중 제15권은 알렉산드로스 대왕의 원정을 통해 서양 세계에 소개된 인도의 문화·지리·철학 전통을 자세히 설명하고 있다. 특히 오네시크리토스가 기록한 나체 수행자와의 만남은 동서양 철학 교류의 한 단면을 보여 주는 흥미로운 사례로 평가된다.

오네시크리토스는 기원전 4세기 알렉산드로스 대왕의 그리스 함대를 이끌었던 네아르코스 휘하에서 활동한 항해사로서, 인도 원정 당시 현지 상황을 기록하는 일을 담당했다. 그의 저술은 주로 원정의 경험과 인도 지역에 대한 묘사로 구성되어 있으며, 후대의 역사학자와 지리학자들에게 중요한 참고 자료가 되었다. 특히 인도의 철학자들인 나체 수행자들과의 대화를 기록했는데, 이는 후대의 스트라본과 플루타르코스 등에 의해 전해졌다. 오네시크리토스는 인도의 수행자들이 물질적 욕망을 초월한 삶을 살고, 극도로 단순한 생활방식을 유지한다고 보고했으며, 이러한 철학적 태도가 디오게네스와 같은 견유학파 철학자들의 삶과 유사하다고 평가하기도 했다. 그러나 그의 기록은 다소 과장된 면이 있어 신뢰성에 대한 논란도 있었다. 그럼에도 불구하고 알렉산드로스 시대의 동방 원정과 인도 문명에 대한 초기 서구의 시각을 형성하는 데 중요한 역할을 한 것으로 평가된다.

9

이스트미아 제전 최고상

이스트미아 제전*이 열리는 동안, 디오게네스는 당시 코린토스에 머물고 있었으므로 이스트미아로 향했다. 하지만 그가 그곳에 간 목적은 보통 사람들이 축제에 가는 이유와는 전혀 달랐다. 사람들 대부분은 운동 경기를 관람하고, 실컷 먹고 마시려고 축제에 참석한다. 하지만 디오게네스는 인간과 그들의 어리석음을 관찰하고자 간 것으로 보인다. 그는 사람들이 축제와 같은 장소에서 가장 솔직한 모습을 드러낸다는 사실을 잘 알고 있었다. 전쟁터나 병영에서는 위험과 두려움 때문에 경계를 늦추지 않지만, 축제에서는 사람들이 보다 솔직하고 자연스러운 모습을 보인다고 믿었다.

이런 이유로 디오게네스는 종종 축제장을 돌아다

---

* 올림피아 제전·피티아 제전·네메아 제전과 더불어 고대 그리스의 4대 제전 중 하나였다. 개최지인 코린토스의 이스트미아에서 열렸으므로 개최지의 지명을 따서 이스트미아 제전으로 불렸다. 전설에 따르면 원래 멜리케르테스 위령제를, 테세우스가 포세이돈에게 바치는 본격적인 체육대회로 발전시켰다고 한다. 기원전 589년 이후 각 올림피아 제전 2년 되는 해에 열리며, 4년마다 한 번씩 개최되었다. 우승자에게 수여되는 화관에는 셀러리가 사용되었지만 5세기 이후로는 소나무로 바뀌었다. 이 밖에 상이나 승리를 축하하는 노래가 수여되었다.

녔다. 사람들이 개처럼 행동한다고 비난하면, 그는 농담조로 이렇게 대꾸하곤 했다. "개들도 축제를 따라다니지만, 축제에 온 사람들에게 해를 끼치지는 않는다. 오히려 도둑을 비롯해 나쁜 짓을 하는 자들을 보면 짖거나 쫓아낸다. 그리고 사람들이 술에 취해 곯아떨어지면, 개들은 자지 않고 그들을 지킨다."

어쨌든 디오게네스가 이스트미아 제전에 나타났을 때 코린토스 시민들은 별 관심을 보이지 않았다. 이미 도시 곳곳에서, 특히 크라네이온 지역에서 그를 자주 보았기 때문이다. 그러나 멀리서 온 사람들, 이오니아와 시칠리아, 이탈리아 심지어 리비아, 마살리아†, 보리스테네스‡에서 온 사람들은 디오게네스를 보려고 몰려들었다. 그러나 이들은 모두 그를 보고 그의 말을 듣고 난 뒤, 그것을 남들에게 떠벌리려고 찾아온 것이지, 스스로 더 나은 사람이 되려고 온 것은 아니었다. 그가 기지를 발휘해 상대를 조롱하거나 즉석에서 반박하는 능력이 뛰어나다는 소문이 이미 널리 퍼져 있었기 때문이다. 마치 폰투스

---

† 현재의 마르세유.
‡ 현재의 우크라이나 오데사 부근에 있던 고대 그리스 도시.

산 벌꿀을 처음 맛본 사람들이 그 쓴맛에 놀라 뱉어 버리는 것처럼, 사람들은 호기심에 디오게네스를 시험해 보려다가도 그의 날카로운 질문 공세에 질려 도망치기 일쑤였다. 남이 조롱당하는 걸 볼 때는 재미있었지만, 자신이 그 대상이 될까 두려워 거리를 두었다. 그가 익살을 부리며 농담을 하면 사람들은 한껏 즐거워했다. 하지만 그가 진지한 태도로 거침없이 말하기 시작하면, 그를 받아들이지 못하고 외면했다. 마치 아이들이 온순한 개와 놀 때는 좋아하지만, 개가 거칠어지거나 크게 짖으면 겁에 질려 우는 것과 같았다.

이스트미아 제전에서도 디오게네스는 언제나처럼 변함없는 모습을 보였다. 누군가가 자신을 칭찬하든 비난하든 개의치 않았다. 상대가 부유한 사람이거나 명망 있는 사람이든, 군사령관이나 권력자든, 혹은 가난하고 평범한 사람이든 전혀 상관하지 않았다. 가난한 사람들이 어리석은 말을 하면 가끔 경멸하는 태도를 보였지만, 부유하거나 명문가 출신이거나 그 밖의 이유로 자신을 특별하게 여기는 자들에게는 더욱 강하게 맞섰다. 그를 세상에서 가장 지혜로운 사람이라 칭송하는 이들도 있었고, 반대로 미친 사람으로 여기는 이들도 있었다. 어떤 이들은 그를 보잘것없는 거지라며 경멸하고 조롱했으며, 어떤 이들은 개 취급을 하며 발밑에 뼈다귀를 던지기도 했다. 또 어떤 이들은 그의 망토를 잡아당기려 다가오기도 했다. 반면 어떤 이들은 그에게 전혀 관심이 없거나, 성가신 존재로 여기기도 했다. 그 모습은 마치 호메로스의 『오디세이아』에서 오디세우스를 조롱하는 이타카의 구혼자들과 비슷했다. 오디세우스가 며칠 동안 그들의 무례함과 오만함을 묵묵히 견디듯이, 디오게네스도 똑같이 그들의 행동을 가볍게 흘려냈다. 그는 마치 거지의 옷을 걸친 왕이나 주인과도 같았다. 주위에는 그를 알아보지 못한 채 사치스럽게 향락을 즐기는 하인과 노예가 가득했다. 그러나 디오게네스는 그들의 취기와 어리석음조차 너그럽게 받아들였다.

이스트미아 제전의 심판들과 권위 있고 영향력 있는 사람들은 대체로 어찌해야 할지 전혀 갈피를 잡지 못했다. 디오게네스가 주변에 있거나 조용히 지나칠라치면 그들은 험악한 표정을 지으며 슬금슬금 물러났다. 그러나 디오게네스가 월계관 대신 소나무 가지로 만든 승리의 관을 머리에 얹자 코린토스 대표단은 수행원을 보내 불법 행위이니 당장 그것을 벗으라고 경고했다. 그러나 디오게네스는 다른 사람들이 월계관을 쓰는 것은 괜찮은데 자기가 쓰는 것은 왜 불법이냐고 되물었다. 그러자 한 사람이 대답했다.

"디오게네스, 당신은 승리를 거둔 적이 없기 때문이오."

그 말에 디오게네스가 반박했다.

"사실 나는 많은 강력한 경쟁자를 물리쳤소. 여기에서 씨름하고 원반을 던지고 달리기를 하는 노예 같은 상대가 아니라 모든 면에서 훨씬 더 강력한 적을 이겼소. 즉 가난과 추방과 불명예 그리고 더 강력한 적수인 분노·고통·욕망·공포와 싸워 이겼소. 그리고 겉으로는 부드러워 보이지만 속을 곪게 하는 상대하기 가장 어려운 괴물인 쾌락을 물리쳤단 말이오. 그 누구도, 그리스인도 야만인도, 순수한 정신의 힘으로 쾌락을 이긴 자는 없소. 페르시아인·메디아인·시리아인·마케도니아인·아테네인·

스파르타인 모두 이 싸움에서 패배했소. 오직 나만이 승리했단 말이오. 그러니 승리의 관을 쓸 자격이 있는 것 같지 않소? 아니면 그것을 빼앗아 살이 뒤룩뒤룩 찐 자에게 줄 작정이오? 당신들을 보낸 사람들에게 가서 그대로 보고하시오. 그리고 이 말도 전하시오. 법을 어기고 있는 것은 바로 그들이라고. 왜냐하면 그들은 진정한 승리를 거두지도 않았는데 관을 쓰고 다니기 때문이오. 또한 내가 스스로에게 관을 수여함으로써 이스트미아 제전을 더욱 빛나게 했고, 소나무 가지 화관을 차지하려고 다투는 것은 염소나 할 짓이지 사람이 할 짓은 아니라는 말도 잊지 마시오."

이 말을 마치고 나서 디오게네스는 많은 사람이 모여 있는 달리기 경기장에서 빠져나오는 한 남자를 보았다. 남자는 군중의 손에 의해 높이 들려 있었고, 땅조차 밟지 않는 듯한 모습이었다. 몇몇 사람들이 환호하며 뒤를 따랐고, 또 어떤 이들은 기뻐서 펄쩍펄쩍 뛰며 손을 하늘로 치켜들었다. 그의 머리 위로 화환과 리본을 던지는 사람도 있었다. 디오게네스는 가까이 다가가 이 소란이 무엇 때문인지 물었다.

"우리가 이겼소!"

그 남자가 외쳤다. "남자 200미터 경주에서 말이오!"

"그게 뭐 대단한 성취란 말이오?"

디오게네스가 되물었다.

"동료 선수를 이겼다고 해서 당신이 더 지혜로워진 것도 아니고, 이전보다 더 절제력이 생긴 것도 아니며, 덜 비겁해진 것도 아니고, 덜 불만족스러운 것도 아니지 않소? 앞으로 필요로 하는 것이 줄어들지도 않을 테고, 고통에서 더 자유로워지지도 않을 것이오."

그 남자가 대답했다.

"그럴 수도 있겠지만, 나는 모든 그리스인 중에서 가장 빠른 사람이오."

그러자 디오게네스가 반박했다.

"하지만 토끼보다 빠르지는 않을 테고, 사슴보다도 빠르지 않을 것이오. 그러나 가장 빠른 생물들은 동시에 겁이 많아 가장 잘 도망치기도 하오. 그것들은 사람·개·독수리를 두려워하며 불행하게 살지."

그리고 덧붙여 말했다. "빠르다는 말은 결국 겁이 많다는 뜻 아니겠소? 동물 세계에서도 가장 빠른 것이 가장 노예근성이 강하오. 헤라클레스 역시 마찬가지였소. 그는 많은 자들보다 느려서 나쁜 놈들을 발로 따라잡을 수 없었기에 활을 들고 다녔고, 도망치는 자들에게 화살을 날렸지."

이 말에 남자가 대꾸했다.

"그러나 호메로스에 따르면 아킬레우스가 가장 빠르고 용맹했다고 하던데요."

그러자 디오게네스가 반문했다.

"아킬레우스가 빨랐다는 것을 어찌 안단 말이오? 그는 헥토르를 하루 종일 뒤쫓았지만 결국 잡지 못했소."

디오게네스는 이어서 꾸짖었다.

"당신은 부끄럽지도 않소? 가장 하찮은 동물보다도 못한 능력을 자랑하다니 말이오. 내가 보기에 당신이 여우보다 빠를 것 같지는 않소. 그건 그렇고 도대체 어느 정도 차이로 승리했소?"

"간발의 차요, 디오게네스. 그래서 내 승리가 그렇게 대단한 거요."

그러자 디오게네스가 대답했다.

"당신은 겨우 한 걸음 차이로 운이 좋았을 뿐이오."

"그렇긴 하지만 우리는 모두 최고의 주자였소."

"그런데 종달새는 당신보다 얼마나 더 빨리 경기장을 주파할 것 같소?"

"글쎄요, 종달새야 날개가 있으니까요."

그 말에 디오게네스가 반박했다.

"하지만 가장 빠른 것이 우월하다면, 차라리 인간이 되느니 종달새가 되는 편이 훨씬 낫지 않겠소? 그러니 신화 속에서 인간이었다 새로 변한 나이팅게일이나 딱따구리를 가엾이 여길 필요가 없소."

그러자 남자가 반박했다.

"하지만 나는 인간이오, 그리고 인간으로는 내가 가장 빠르오."

"그래서 어쩌란 말이오? 개미 사회에서도 다른 개미보다 빠른 개미가 있을 것이오. 하지만 아무도 빠른 개미를 존경하지는 않소. 개미가 빠르다고 존경받는 것이 우습지 않소? 더 나아가, 만약 경기 참가자가 모두 절름발이였다면, 당신이 절름발이 중에서 가장 빠르다고 해서 자랑할 수 있겠소?"

디오게네스가 주도한 이런 식의 대화를 듣고 많은 청중은 경주를 경시하게 되었고, 승리에 도취했던 남자는 결국 풀이 죽어 초라한 모습으로 자리를 떴다.

이렇게 디오게네스는 사람들에게 작은 도움이 되는 일을 했다. 누군가 하찮은 일에 우쭐대며 흥분해 날뛸 때마다 마치 부풀어 오른 종기를 바늘로 터뜨려 가라앉히듯이 그들을 제자리로 돌려놓고, 무지의 티끌을 걷어 냈다.

또한 그날 축전에서 디오게네스는 많은 사람과 함께 둘러서서 한 마구간에 묶여 있던 두 마리 말이 서로 발길질하며 싸우는 모습을 지켜보았는데, 결국 한 마리가 지쳐 고삐를 끊고 도망쳤다. 그러자 디오게네스는 남아 있던 말에게 다가가 승리의 관을 씌워 주며 발길질 부문에서 이겼으니 주는 상이라고 했다. 그 모습에 여기저기서 폭소가 터지며 소란스러워졌다. 많은 사람이 디오게네스에게 열광하며 운동선수들을 조롱했다. 전하는 말에 따르면, 열악한 천막에 묵어야 하거나 그마저도 감당할 여력이 없는 사람 중에는 경기를 보지도 않고 떠나 버린 이들도 있었다고 한다.

— 디온 크리소스토모스, 『연설문』 9편
'이스트미아 제전에서의 연설'

☼

디온 크리소스토모스는 1세기 후반에서 2세기 초반에 활동한 그리스 철학자이자 수사학자로, 이름에 붙은 '크리소스토모스'(황금의 입)라는 별명에서 드러나듯이 뛰어난 웅변가로 유명했다. 그는 스토아 철학과 플라톤 철학의 영향을 받았으며, 로마 제국에서 철학적이고 도덕적인 문제를 다루는 연설을 많이 남겼다. 특히 도미티아누스 황제 시절에는 반체제적 태도로 추방되었지만, 이후 네르바와 트라야누스 황제 때 로마로 돌아와 다시 활동을 이어 갔다. 그의 연설에는 대중을 계몽하고 정치 및 도덕 개혁을 촉구하는 내용과, 철학과 현실 정치 사이에서 균형을 찾으려는 노력이 담겼다.

그의 '이스트미아 제전에서의 연설'은 코린토스의 이스트미아 지역에서 열린 경기와 관련된 연설로, 주로 코린토스의 정치적·역사적 상황과 관련된 논의를 담고 있다. 그는 과거 코린토스의 영광과 현재의 쇠퇴를 비교하며, 도덕성과 지혜가 도시의 번영에 필수임을 강조한다. 또한 로마 제국의 질서 속에서 코린토스가 어떤 역할을 할 수 있는지를 고민하며, 단순한 부와 외형적 번영이 아니라 시민의 덕과 공동체 정신이 중요하다는 점을 강조한다. 연설은 코린토스가 과거의 전통을 회복하고, 그리스 도시국가 간의 연대를 강화하며, 로마의 지배 아래에서도 고유한 문화적 정체성을 유지하는 것이 필요하다는 점을 설득력 있게 제시한다. 인용문에는 디오게네스가 이스트미아에서 열린 운동 경기와 대중 축제를 방문했을 때, 그곳에서 사람들에게 한 말과 행동이 묘사되어 있다. 여기서 디오게네스는 어리둥절한 관객처럼 보이지만, 사실 그는 덕을 추구하는 삶이라는 진정한 경쟁에서 뛰고 있는 '진짜 선수'로 그려진다. 또한 인간을 조롱하고 동물을 찬양하는 말을 서슴지 않는데, 이는 견유주의 철학의 사고방식에서 자주 드러나는 특징이다.

10

기둥 위의 수도자

로마 제국의 모든 백성은 훌륭한 시메온을 알고 있다. 그는 인간 세상에서 가장 놀라운 존재로, 그의 명성은 페르시아·메디아·에티오피아까지 퍼져 나갔다. 심지어 유목 생활을 하는 스키타이인조차 그의 이름을 들었고, 그를 통해 지혜와 인내에 대해 배웠다. 그러나 그가 보여 준 모든 일들이 너무도 경이로워서, 후대에 전하는 나의 기록이 신화처럼 들릴까 두렵다. 그의 행적은 인간의 한계를 초월하는데, 사람들은 보통 자연의 이치를 기준으로 사물을 판단하기 때문이다. 따라서 어떤 이야기가 자연의 한계를 넘어서면, 신성한 신비를 경험하지 못한 이들은 이를 거짓이라 여기기 마련이다. 하지만 이 땅과 바다에는 신앙심이 깊고 신성한 가르침을 받은 사람이 가득하다. 그들은 전능하신 성령의 은총을 받아 내가 하는 말을 의심하지 않고, 진심으로 믿을 것이다. 그렇기에 나는 자신 있게 이 이야기를 전하려 한다. 이제 천상의 부르심을 받아 시메온이 새로운 삶을 시작한 순간부터 이야기를 펼쳐 보이겠다.

키루스와 킬리키아의 경계에 위치한 시스라는 마

을이 있다. 시메온은 그곳에서 성장하며, 어린 시절부터 부모에게 양 떼를 돌보는 일을 배웠다. 이는 족장 야곱, 현명한 요셉, 율법을 전한 모세, 예언자이며 왕이었던 다윗 그리고 선지자 미카와 같은 위대한 인물들과 견줄 수 있는 경험이었다. 어느 날, 눈이 유난히 많이 내리는 날이었다. 양들이 우리 안에 갇혀 있어 할 일이 없던 그는 부모님과 함께 하느님의 성전에 갔다. 나는 그가 직접 이 순간을 회고하는 말을 들은 적이 있다. 그는 성전에서 복음의 말씀을 듣고 깊은 감명을 받았다고 했다. 복음은 슬퍼하는 사람은 복을 받을 것이고, 웃고 즐기는 사람은 불행할 것이며, 마음이 깨끗한 사람은 가장 부러운 존재가 될 것이라는 메시지를 전하고 있었다. 그는 즉시 주위에 있던 사람들에게 이러한 복을 받으려면 어떻게 살아야 하는지를 물었다. 그러자 누군가가 수도사의 삶을 권하며, 그것이 가장 높은 형태의 철학이라고 가르쳐 주었다.

시메온은 그렇게 하느님 말씀을 마음속 깊이 새겼고, 이를 영혼의 깊은 밭고랑에 단단히 심었다. 그리고 곧장 순교자의 성지로 달려가, 얼굴을 땅에 대고 무릎을 꿇은 채 모든 사람을 구원하시려는 그분께 자신의 발걸음을 올바른 신앙의 길로 인도해 달라고 간절히 기도했다. 그러한 생활을 이어 가던 어느 날, 그는 깊은 잠에 빠졌고, 꿈에서 기이한 환상을 보았다. "나는 마치 기초를 다지는 듯했소." 그가 내게 말한 바에 따르면, 꿈속에서 누군가가 다가와 말했다고 한다. "더 깊이 파야 한다." 그는 그 말대로 땅을 더 깊이 팠지만, 잠시 멈추려 할 때마다 다시 명령이 내려왔다. "계속 파라. 쉬지 말고 파라." 세 번째, 네 번째 명령이 떨어진 후에야 그 사람은 이렇게 말했다. "이제 깊이가 충분하니, 더 이상 힘들이지 말고 위를 쌓아 올리면 된다. 힘들여 수고했으니, 건축은 수월할 것이다." 그리고 그의 삶에서 벌어진 일들이 이 예언을 그대로 증명했다. 이후에 보인 그의 행적은 인간의 자연스러운 한계를 뛰어넘는 것이었기 때문이다.

그곳에서 나온 다음 시메온은 근처에 살던 금욕 수도자들과 2년간 함께 지내며 더욱 완전한 덕을 갈망했고, 결국 텔레다 마을로 가서 위대한 신앙인 암미아누스와 에우세비우스가 세운 에우세보나 수도원에 들어갔다.

하지만 그곳에서도 오래 머물지 않고 지금 그가 서 있는 언덕 아래에 있는 텔라니소스 마을로 옮겼다. 그는 작은 오두막을 발견하고 3년 동안 그 안에서 은수 생활을 했다. 그리고 더욱 깊이 있는 덕을 쌓고자 모세와 엘리야처럼 40일 동안 단식하기를 원했다. 그래서 여러 마을을 순회하며 성직자들을 감독하던 바스스에게 오두막 안에 아무것도 남기지 말고 문을 진흙으로 봉인해 달라고 부탁했다. 바스스는 단식의 위험성을 지적하며 자살이 덕이 될 수 없음을 경고했다. 그러자 시메온은 이렇게 대답했다. "그렇다면, 신부님, 빵 열 덩어리와 물 한 주전자를 놓고 가 주세요. 몸이 음식을 필요로 한다면 먹겠습니다." 바스스는 시메온의 청을 받아들여, 오두막 문을 진흙으로 봉인했다. 40일 후 바스스가 찾아와 봉인을 풀고 오두막 안으로 들어가 보니 빵도 물도 그대로 남아 있었다. 시메온은 숨을 쉬지 않았고, 움직이지도 못하며 말을 할 수도 없는 상태였다. 바스스는 즉시 스펀지를 가져와 그의 입을 적시고 헹군 뒤 병자성사를 실시했다. 그러자 시메온은 서

서히 기력을 되찾고 몸을 일으켜 약간의 음식을 먹기 시작했다. 그는 상추·치커리 같은 채소를 잘게 씹어 삼켰다.

그로부터 오늘까지 28년이 지났지만, 시메온은 여전히 40일 단식을 지속하고 있다. 시간이 지나면서 훈련을 거듭해 단식의 어려움은 점차 줄어들었다. 처음 며칠 동안은 서서 찬송가를 불렀으나, 점차 서 있는 것이 힘들어지자 앉아서 성찬 예식을 집전했다. 마지막 며칠 동안은 거의 탈진하여 바닥에 엎드려 있어야 했고, 반쯤 죽은 상태로 누워 있기도 했다. 그러나 기둥 위에 올라간 이후로는 절대 내려오지 않기로 결심했기에 다양한 방법을 동원해 서 있는 자세를 유지했다. 처음에는 기둥에 들보를 고정하고 들보에 밧줄로 몸을 묶어 버텼다. 그러나 나중에는 이런 도움 없이도 신의 은총과 열정만으로 40일 동안 서 있을 수 있었다.

시메온은 오두막에서 3년을 보낸 후, 유명한 그 언덕으로 옮겨가 원형 울타리를 치도록 지시했다. 또한 10여 미터 길이의 쇠사슬을 가져오게 하여 한쪽 끝을 바위에 단단히 고정하고, 다른 한쪽 끝은 자신의 오른발에 묶었다. 그리하여 비록 마음이 흔들릴지라도 몸은 그 경계를 넘어갈 수 없도록 했다. 하지만 그의 정신은 그러한 물리적인 속박에도 불구하고 하늘을 향해 자유롭게 날아올랐다. 당시 안티오키아 지역을 감독하던 지혜롭고 명석한 인물 멜레티우스 대주교가 찾아와, 정신은 이성이라는 사슬로 몸 안에 충분히 가둘 수 있으므로 쇠사슬은 필요하지 않다고 알려 주었다. 그의 충고를 흔쾌히 받아들인 시메온은 대장장이를 불러 쇠사슬의 족쇄를 풀게 했다. 그의 발에는 쇠사슬에 피부가 덧나지 않도록 가죽이 덧대어져 있었는데, 한데 붙어 버려 이것 역시 잘라 내고서야 사슬을 벗길 수 있었다. 사람들 말에 따르면 가죽에서 스무 마리가 넘는 커다란 벌레들이 기어 나왔다고 한다. 멜레티우스 역시 이를 목격했다. 이 상황을 자세히 언급한 이유는 시메온의 대단한 자제심을 부각하기 위해서다. 시메온은 손을 뻗어 벌레를 눌러 죽일 수도 있었지만, 극도의 절제력을 발휘하여 고통을 묵묵히 참아냈다. 작은 인내가 더 큰 시련을 견디는 연습이 될 것이라 여겼기 때문이다.

이 무렵 그의 명성은 급속도로 퍼져 나갔고, 수많은 사람이 그를 보려고 몰려들었다. 가까운 마을뿐 아니라 먼 지역에서도 사람들이 찾아왔다. 어떤 이들은 중풍 환자를 데려왔고, 어떤 이들은 병에서 회복되기를 바랐다. 또 어떤 이들은 자식을 갖기를 원했다. 자연의 법칙으로는 불가능했던 것을 시메온의 축복을 통해 이루고자 했다. 원하는 것을 얻은 사람들은 기쁨에 차서 돌아갔고, 그 소문은 더 널리 퍼졌다. 사람들은 더욱더 몰려들었고, 그가 있는 길목은 마치 강처럼 사람들로 넘쳐 났다. 온 사방에서 사람들이 몰려와, 마치 대양으로 흐르는 강줄기처럼 보였다. 우리 지역 주민만 몰려든 것이 아니었다. 나바테아인, 페르시아인과 그들에게 복속된 아르메니아인, 이베리아족, 사우디아라비아반도 남단 주민, 내륙 깊숙한 곳에 살고 있던 사람까지 찾아왔다. 에스파냐인과 브리튼인, 그 사이에 살고 있던 갈리아인 등 서쪽 주변에서도 많은 사람이 찾아왔다. 이탈리아는 말할 것도 없었다. 사람들 말로는 도시 중의 도시 로마에서도 시메온의 인기는 대단했으며, 장인들이 작업장 입구마다 시메온의 작은 조각상을 세워 보호와 안전을 기원했다고 한다.

이쯤 되자 시메온을 찾아오는 사람은 헤아릴 수 없을 정도였다. 모두가 그를 만지려 했고, 짐승 가죽으로 만든 그의 옷에라도 손을 대어 축복을 받으려 했다. 시메온은 처음에는 지나친 존경이 낯설었지만, 점차 그 상황이 불편해지기 시작했다. 결국 그는 기둥 위에서 생활하는 방법을 고안해 냈다. 처음에는 3미터 높이의 기둥 위에 섰고, 이후 6미터, 11미터로 점점 높였다. 지금은 무려 18미터 높이에서 생활하며 지상에서 벗어나 하늘로 올라가기를 갈망하고 있다. 나는 그의 기둥 생활이 단순한 기행이 아니라, 하느님의 계획에서 비롯된 일이라고 믿는다. 그러니 비판하는 이들은 그 입을 조심해야 할 것이다. 신은 종종 믿지 않는 자들에게 경각심을 주고자 특별한 행위를 명령하셨다. 예를 들어 이사야에게는 벌거벗고 맨발로 다니게 하셨고, 예레미야에게는 허리에 천을 두르게 하셨으며, 나중에는 쇠고랑을 차게 하셨다. 호세아에게는 창녀를 아내로 맞이하여 사랑하라고 이르셨고, 에제키엘에게는 40일 동안 오른쪽으로 눕고, 390일 동안 왼쪽으로 누워 이스라엘의 죄를 짊어지게 하셨다. 또한 벽을 뚫고 도망치는 행동을 명하시고, 칼을 갈아 머리카락을 민 뒤 네 부분으로 나누어 여러 가지 목적을 위해 사용하라고 지시하기도 했다. (각각의 목적을 자세히 열거할 필요는 없을 것 같다.)

이 모든 일은 만물의 주재자께서 사람들이 당신의 말씀에 귀 기울이도록 하기 위한 것이었다. 누가 벌거벗은 예언자를 보고 놀라지 않겠는가? 누가 창녀와 함께 사는 예언자를 보고 그 이유를 궁금해하지 않겠는가? 마찬가지로 하느님은 안락한 삶에 젖어 있는 사람들을 일깨우려고 시메온에게 이렇게 새로운 모습을 주셨다. 그리고 이 독특한 행위는 단순한 구경거리가 아니라, 그의 가르침을 더욱 설득력 있게 하는 도구가 되었다. 마치 왕들이 새로운 화폐를 만들며 때때로 사자 또는 별과 천사를 새기거나, 금화에 특이한 도안을 넣어 가치를 더하는 것처럼, 온 우주의 왕께서는 신앙을 새로운 방식으로 드러내도록 하셨다. 믿음 속에서 자란 자들뿐만 아니라, 불신에 빠진 자들까지도 입을 열어 신앙을 고백하게 하려는 것이다.

그러나 그 모든 것보다도 내가 개인적으로 가장 감탄하는 것은 그의 강인한 의지이다. 그는 밤낮으로 모두가 볼 수 있는 곳에 서 있으며, 문을 없애고 둘러싸고 있던 벽의 일부를 허물어 자신을 완전히 드러낸 채 지내고 있다. 오랫동안 서 있는 그는 몸을 반복해서 굽혀 하느님께 예배를 드린다. 그 곁에 있던 사람 중 몇몇은 그가 절을 몇 번 하는지 세기도 했는데, 한 번은 내 동행자가 그 숫자를 세다가 결국 1,244번에서 포기했다. 시메온은 몸을 굽힐 때마다 이마가 발가락에 닿을 정도로 깊이 숙인다. 일주일에 한 번, 그것도 아주 적은 양의 음식만을 섭취하기 때문에 허리를 쉽게 굽힐 수 있는 것이다.

사람들 말에 따르면 시메온은 오랫동안 서 있는 탓에 왼발에 종기가 생겼는데, 많은 고름이 흘러나와 치료가 필요한 상태였다고 한다. 그러나 이러한 고통에도 그의 신념은 흔들리지 않았다. 시메온은 자발적으로 감내한 고난뿐만 아니라 뜻하지 않게 찾아온 고통도 기꺼이 받아들이며, 그 모든 것을 신앙으로 극복했다. 한번은 그가 자신의 상처를 어쩔 수 없이 다른 사람에게 보여 줘야 하는 일이 있었다.

그 사연을 설명하겠다.

근처 마을 라바에나에서 온 한 남자가 있었는데, 그는 그리스도교의 부제(副祭)로 존경받는 성실한 사람이었다. 그는 언덕 꼭대기에 도착하자마자 시메온에게 말했다. "나에게 진리 자체를 두고 맹세하며 대답해 주십시오. 당신은 인간입니까, 아니면 육신이 없는 존재입니까?" 이 질문을 듣고 주변 사람들이 화를 냈지만, 시메온은 조용히 하라고 한 뒤 그 남자에게 물었다. "도대체 왜 그런 질문을 하시오?" 그러자 그 남자가 대답했다. "당신이 먹지도 않고, 누워서 자지도 않는다고 모두가 떠들어 대는 걸 들었습니다. 먹고 자는 것이야말로 인간에게는 지극히 정상적인 일입니다. 인간이라면 음식과 잠 없이는 살 수 없지 않습니까." 그러자 시메온은 기둥에 사다리를 대도록 하고, 남자에게 올라와 자기 손을 확인하게 한 뒤, 거친 가죽으로 된 겉옷 안에 손을 넣어 발과 깊게 곪은 상처까지 직접 살펴보라고 했다. 그는 시메온의 상처가 너무 심한 것에 경악하며, 그가 실제로 음식을 먹는다는 사실을 깨닫고 내려와 내게 그 경험을 이야기해 주었다.

공공 축제 기간에 시메온은 또 다른 놀라운 행동을 보여 주었다. 해 질 무렵부터 동쪽 하늘에 해가 다시 떠오를 때까지 두 손을 하늘로 뻗은 채 서서 밤새도록 기도했다. 피곤함에 지쳐 쓰러지거나 졸지도 않았다.

이처럼 엄청난 인내와 숱한 선행, 무수한 기적을 행하면서도 시메온은 세상에서 가장 보잘것없는 존재처럼 겸손한 태도를 보였다. 겸손할 뿐만 아니라 성격 또한 친절하고 다정했다. 그는 장인·거지·시골 사람 등 누구든 찾아와 말을 걸면 친절히 응대했다. 또한 우리에게 관대하신 주님께서 내리신 가르침의 은사를 받았다. 하루에 두 번씩 청중에게 설교하며, 신성한 가르침을 아름다운 말로 전했다. 사람들에게 하늘을 바라보며 땅의 것들을 버리고 그곳을 향해 날아오를 것을 당부했다. 자신들이 물려받을 천국을 마음속에 그려 보고, 지옥의 두려움을 기억하고, 이 세상의 것을 경멸하고 다가올 것을 기다리라고 가르쳤다.

시메온은 또한 사람들 사이의 분쟁을 해결하고 공정한 판결을 내리기도 했다. 이러한 일들은 오후

세 시 이후에 이루어지는데, 그전까지는 밤낮으로 오롯이 기도에만 전념했다. 오후 세 시가 지나면 그는 먼저 모인 사람들에게 신성한 가르침을 전한 후, 각자의 요청을 들어주고 병자들을 치료한 뒤, 갈등을 해결했다. 해 질 무렵이 되면 다시 하느님과 대화를 나누며 남은 밤 시간을 보냈다.

 이 모든 이야기를 기록한 이유는 혹시라도 내 글을 접하게 될 이들에게, 빗방울을 통해 폭우를 짐작하게 하고, 손가락 끝에 묻은 꿀로 그 단맛을 맛보게 하려는 목적에서다. 사람들이 입에서 입으로 전하는 시메온의 이야기는 이보다 훨씬 많다. 그러나 나는 모든 것을 기록하겠다고 약속한 것이 아니라, 몇 가지 사례를 통해 그의 삶과 신념을 보여 주고자 했을 뿐이다. 더 많은 이야기가 전해질 것이며, 만약 그가 살아 있는 동안 새로운 기적이 일어난다면 그 기록 또한 추가될 것이다. 나는 시메온이 기도에 힘입어 이러한 선한 일을 계속 이어 가길 하느님께 간절히 청한다. 시메온은 우리 모두가 공유하는 신앙의 본보기이기 때문이다. 그리고 나 자신 또한 복음이 가르치는 삶의 규율에 따라 올바르게 살아갈 수 있기를 기원한다.

— 테오도레토스, 『기둥 위의 수도자
시메온의 삶』 요약

☼

테오도레토스(393~457)는 시리아 키루스의 주교이자 신학자로, 교부 철학과 역사에 관련된 중요한 저술을 남겼다. 네스토리우스파 논쟁과 관련된 교리 논의에 적극적으로 참여했으며, 에페소스 공의회(431)에서 네스토리우스를 비판하는 신학적 입장을 취했고, 이후 칼케돈 공의회(451)에서는 정통 신앙을 옹호하는 입장을 취했다. 단성론을 반박하는 『이단사』와 교회사를 설명한 『그리스도교사』는 교회사의 중요한 자료로 평가받는다. 그는 헬레니즘 철학과 그리스도교 신학을 접목하는 글을 썼으며, 교부 신학의 발전에 크게 기여했다.

『기둥 위의 수도자 시메온의 삶』은 5세기 그리스도교 성인이자 기둥 위에서 생활하며 극한의 금욕 생활을 실천한 시메온의 생애를 기록한 전기이다. 이 책은 당시 수도원 운동과 신앙생활의 흐름을 이해하는 데

중요한 자료로 평가된다. 시메온은 어린 시절부터 깊은 신앙심을 보였고, 젊은 나이에 수도 생활을 시작했다. 그는 일반적인 수도 생활보다 더욱 엄격한 수행을 원했고, 결국 높은 기둥 위에서 생활하는 독특한 방식을 선택했다. 그는 기둥 위에서 기도와 명상을 하며 대부분의 시간을 보냈지만, 신자들과도 소통했다. 시메온은 약 37년간 기둥 위에서 생활하다가 459년에 생을 마감했다. 그의 삶은 후대의 많은 수도사에게 영감을 주었으며, 스타일라이트(Stylite, 기둥 위의 수도자) 운동의 시초가 되었다. 그의 신앙과 극기 정신은 그리스도교 역사에서 중요한 수도 생활의 한 형태로 자리 잡았다. 이 저술을 통해 테오도레토스는 시메온의 기적과 덕행, 독특한 수행 방식이 어떻게 그리스도교 신앙의 모범이 되었는지 상세히 서술했다. 그가 전하는 시메온의 삶과 모습은 절제하며 자기 훈련에 매진하고, 세속적 가치를 거부하고, 대중과 소통하며 가르침을 주려 했다는 점에서 견유학파와 유사한 부분이 있다.

주

1) 디오게네스 라에르티오스, 『유명한 철학자들의 생애와 사상』 제6권 20~22장
2) 같은 책 70~73장, 103~105장
3) 같은 책 22~23장
4) 같은 책 64장
5) 같은 책 65장
6) 같은 책 37장
7) 같은 책 24장
8) 같은 책 49장
9) 같은 책 63장
10) 같은 책 40장
11) 같은 책 54장
12) 같은 책 56장
13) 같은 책 49장
14) 같은 책 41장
15) 같은 책 58장
16) 같은 책 60장
17) 같은 책 46장
18) 같은 책 54장
19) 같은 책 69장
20) 같은 책 60장
21) 같은 책 38장
22) 같은 책 40장
23) 같은 책 74장
24) 같은 책 76~78장

인생은 개처럼 사는 편이 좋다
: 견유학파 철학자들의 자유로운 인생철학

2025년 7월 24일   초판 1쇄 발행

지은이
크라테스 외

엮고 옮긴이
서미석

펴낸이
조성웅

펴낸곳
도서출판 유유

등록
제406-2010-000032호(2010년 4월 2일)

주소
경기도 파주시 돌곶이길 180-38, 2층 (우편번호 10881)

전화	**팩스**	**홈페이지**	**전자우편**
031-946-6869	0303-3444-4645	uupress.co.kr	uupress@gmail.com
	페이스북	**트위터**	**인스타그램**
	facebook.com /uupress	twitter.com /uu_press	instagram.com /uupress

편집	**디자인**	**조판**	**마케팅**
사공영, 백도라지	이기준	정은정	전민영

제작	**인쇄**	**제책**	**물류**
제이오	(주)민언프린텍	라정문화사	책과일터

ISBN 979-11-6770-132-9 00160

상냥한 지성 시리즈

마음의 평온을 얻는 법
플루타르코스 지음, 임희근 옮김
고대 로마의 철학자 플루타르코스의 『도덕론』에 수록된 글 중에서 현대인에게도 쉽고 흥미롭게 읽히는 글 세 편을 선정해 한데 묶었다. 「마음의 평온을 얻는 법」, 「적에게서 이득을 끌어내는 법」, 「귀 기울여 듣는 법」은 모두 수신인이 명시된 편지 형식의 글로 플루타르코스는 그들에게 화려하거나 과장되지 않은 어조로 간결하면서도 정답게 진심 어린 조언을 전한다. 적에게도 미덕을 발휘하고 남의 얘기에 귀를 기울이고, 그럼으로써 삶의 지혜를 터득하고 진정한 마음의 평온을 얻으라고 말해 주는 플루타르코스의 사려 깊은 조언은 마음의 여유가 절실한 현대인에게도 큰 위안이 될 것이다.

행운과 불운에 대처하는 법
프란체스코 페트라르카 지음, 임희근 옮김
14세기 이탈리아의 시인이자 르네상스의 문을 연 인문주의자로 칭송받는 페트라르카의 대표작. '행운과 불운에 대처하는 법'을 이성과 정념 간의 대화로 재미있게 풀었다. 예기치 못한 희로애락으로 가득찬 생로병사의 삶을 살아가는 인간에게 인생을 쥐락펴락하는 운명이란 무엇인가, 무엇이 행운이고 무엇이 불운인가, 어떻게 이 모든 것에 대처해야 하는가를 알려 주는 근본적 의미의 처세서다.

공부의 고전
: 스스로 배우는 방법을 익히기 위하여

에라스무스 외 지음, 정지인 옮김

여러 세대에 걸쳐 서구 지식인들이 쓴 공부에 관한 글 가운데 시대를 관통하는 공부의 본질을 다뤄 지금의 독자에게도 도움이 될 만한 고전들을 추려 엮은 책. 독서법에 관한 최초의 책으로 알려진 『디다스칼리콘』부터 쥘 미슐레와 제임스 조이스가 추종한 『새로운 학문』의 저자 잠바티스타 비코의 강연문, 근대적 영어사전을 편찬하고 영문학 발전에 지대한 영향을 미친 새뮤얼 존슨의 칼럼, 대학의 공부에 관한 고전이 된 존 헨리 뉴먼의 『대학이란 무엇인가』 등 역사적으로 검증되었지만 국내에는 제대로 소개되지 않은 저자의 글을 위주로 선별해 독자들이 다양한 시대, 다양한 학자들을 만날 수 있게 구성했다.

스스로를 아는 일
: 몽테뉴 『수상록』 선집

앙드레 지드 지음, 임희근 옮김

앙드레 지드가 본 몽테뉴와 『수상록』. 몽테뉴는 평생 '크세주'(Que sais-je?), 즉 "나는 무엇을 아는가"라는 물음에 집요하게 천착했다. 지드는 그의 이런 면모에 주목해 책의 앞부분에서는 몽테뉴가 어떤 사람이며 어떤 사상을 펼쳤는지 이야기하고 뒷부분에서는 『수상록』에서 자신에게 매우 인상적이었던 내용을 소개한다. 특별히 몽테뉴를 잘 알지 못하고, 『수상록』을 처음 접하는 독자도 책의 핵심에 더 수월하게 다가갈 수 있게 각 내용에 걸맞은 소제목을 붙여 두었다.

소박한 삶
: 어느 스토아 철학자의 건강한
생활 원칙

가이우스 무소니우스 루푸스 지음, 서미석 옮김

1세기 로마의 스토아 철학자 무소니우스 루푸스의 가르침을 기록한 책. 그는 2천 년 전, 여성이 남성의 소유물로 간주되던 시대에도 신분과 성별을 가리지 않고 제자를 받았으며, 여성도 철학을 공부해야 한다고 주장했다. 화려한 밥상보다는 소박한 식탁, 간소한 세간살이로 꾸린 삶을 지향했던 그의 가르침은 오늘날 우리가 이야기하는 성평등과 비건지향, 미니멀리즘 등과도 맞닿아 있다. 물질적 풍요와 개인주의적 성향이 팽배한 가운데에도 오히려 정신적 공허감에 시달리며 어떻게 살아야 할지를 고민한다면 절제의 미덕과 검소한 생활, 사익보다는 공익과 공동체 의식을 역설한 무소니우스의 가르침에서 교훈을 얻을 부분이 적지 않을 것이다. 지금 그의 철학을 읽어야 할 이유다.